张振江 编著

精忠报国

JINGZHONG BAOGUO

济南出版社

序言
XU YAN

爱国热情激扬青少力量

爱国主义是推动中国社会前进的巨大力量，是各族人民共同的精神支柱，是社会主义精神文明建设的重要组成部分，更是引导广大青少年树立正确理想信念、培育时代新人的战略工程。

在中华民族五千年的发展历程中，爱国主义激励着一代代中华儿女为祖国的繁荣发展不懈奋斗。从"盘古开天""精卫填海"到"大禹治水""愚公移山"等感人故事中，反映出中华民族不畏艰险、拼搏奉献、创造美好生活的进取基因，为世世代代中华儿女注入了一股"励志兴国"的强大力量。从"岳飞精忠报国""戚继光抵御倭寇"到"文天祥碧血丹心""夏明翰追求真理"的血性胆气中，释放出的是舍生取义、气壮山河"精忠报国"的赤诚情怀。"万里长征雪雕魂""铁流后卫打冲锋""狼牙山捐躯为国"等彪炳史册的壮举，记录了无数优秀中华儿女为救亡图存浴血杀敌，为民族独立和人民解放"铁血建国"的牺牲奉献。中华人民共和国成立以来，中国共产党领导人民以前所未有的爱国热情推动社会主义革命和建设，实现了中华民族有史以来最为广泛和深刻的社会变革。改革开放以来，党领导人民大力弘扬民族精神和时代精神，解放思想，锐意进取，创造了改革开放和社会主义现代化建设的伟大成就。进入新时代，党把实现中华民族伟大复兴的中国梦作为当代中国爱国主义的鲜明主题，团结带领人民推动党和

LOVE MY CHINA

国家事业取得历史性成就、发生历史性变革。在波澜壮阔的革命斗争和建设发展征程中，涌现出许多可歌可泣的英雄模范，像钱学森、雷锋、杨善洲、杜富国等"奋进强国"的先进人物，他们既是爱国主义的杰出代表，又是爱国主义教育的生动教材。

《中华人民共和国爱国主义教育法》于2024年正式实施，标志着爱国主义教育进入崭新阶段。该法规在规定面向全体公民开展爱国主义教育的同时，突出强调要抓好学校和家庭对青少年的教育。要教育引导青少年更好认识和认同中华文明，增强做中国人的志气、骨气、底气。"自古英雄出少年""少年强则国强"。爱国主义成为亿万青少年融入血脉的精神基因，积淀出最深层、最持久、最赤忱的民族情感。爱国主义是党领导青少年成长的一面光辉旗帜，广大青少年坚决响应党的号召，积极投身伟大斗争、伟大工程、伟大事业、伟大梦想的实践，为党和国家事业贡献了青少力量。

青少年朋友们，摆在你们面前的这套"爱我中国"系列图书，是励志的样板、做人的楷模、催征的战鼓，蕴含着榜样和文化的精神能量。青少年们生在伟大的国家，长在伟大的时代，只要铸牢信仰的基石，把祖国和人民放在心中最高位置，就一定能够奏响"请党放心，强国有我"的旋律，用爱国之情、强国之志、报国之行去书写属于你们的壮丽华章吧！

目录

一	岳飞精忠报国	01
二	屈原舍生取义	07
三	范仲淹寒门逆袭	13
四	戚继光抵御外侮	23
五	林则徐虎门销烟	31
六	郑成功收复宝岛	41

爱我中国
精忠报国

七	辛弃疾金戈铁马	47
八	詹天佑矢志修路	55
九	文天祥碧血丹心	65
十	夏明翰追求真理	73
十一	刘胡兰宁死不屈	81
十二	杨靖宇东北抗联	95
	后　记	103

JINGZHONG BAOGUO

一

岳飞精忠报国

岳飞，南宋时期抗金名将、军事家、战略家、民族英雄、书法家、诗人，位列南宋"中兴四将"之首。

岳飞从二十岁起，四次从军。自建炎二年（1128年）起至绍兴十一年（1141年）止，先后参与、指挥大小战斗数百次。金军攻打江南时，独树一帜，力主抗金，收复建康。绍兴四年，收复襄阳六郡。绍兴六年，率师北伐，顺利攻取商州、虢州等地。绍兴十年（1140年），完颜宗弼毁盟攻宋，岳飞挥师北伐，两河人民奔走相告，各地义军纷纷响应，夹击金军。岳家军先后收复郑州、洛阳等地，在郾城、颍昌大败金军，进军朱仙镇。宋高宗赵构和宰相秦桧却一意求和，以十二道金牌催令班师。在宋金议和过程中，岳飞遭受秦桧、张俊等人诬陷入狱。1142年1月，因"莫须有"的罪名，与长子岳云、部将张宪一同遇害。宋孝宗时，平反昭雪，改葬于西湖畔栖霞岭，追谥武穆，后又追谥忠武，封鄂王。

爱我中国
LOVE MY CHINA

精忠报国

作为南宋杰出的统帅,他重视人民抗金力量,缔造了"连结河朔"之谋,主张黄河以北的民间抗金义军和宋军互相配合,以收复失地;治军赏罚分明,纪律严整,又能体恤部属,以身作则,率领的"岳家军"号称"冻死不拆屋,饿死不掳掠"。金军有"撼山易,撼岳家军难"的评语,表达了对岳家军的由衷敬佩。

在南宋初年的将帅中,岳飞属于敢于主动出击的进攻型主帅。对于宋朝消极防守的军事传统,他曾上奏批评宋廷"仅令自守以待敌,不敢远攻而求胜"。尽管战略方针受宋高宗和朝廷的阻难,岳飞仍组织了如第一次、第二次和第四次北伐那样大规模的进攻战役,改变了宋军被动挨打的守势地位;并且编练了强大的骑兵,在最有利于女真骑兵发挥威力的地形和时节,与其正面对抗,这在当时是绝无仅有的。南宋初年,具备光复失地的决心和能力的统帅唯有岳飞一人,成为时人的一致共识。

岳飞是中国古代治军的楷模,"岳家军"成为一时的典范。他虽然没有军事论著传世,但从其散见于史书篇牍中的论述和军事实践,可看出岳飞治军严明。

精忠报国

JING ZHONG BAO GUO

【延伸阅读】岳王庙与满江红

　　岳王庙与《满江红·写怀》是中国历史上具有重要意义的文化符号，它们都与中国古代抗击外敌、保卫国家的英雄形象息息相关。岳王庙是为了纪念南宋时期的民族英雄岳飞而建造的庙宇，而《满江红·写怀》则是一首流传广泛的不朽词作，歌颂了岳飞的英勇事迹和爱国情怀。

　　岳王庙位于中国浙江省杭州市，是为了纪念岳飞这位伟大的抗金名将而建造的。岳飞（1103年—1142年）是南宋时期的将领，他秉持着忠诚、正义和爱国的信念，多次在抗击金朝入侵的战争中立下赫赫战功。

岳王庙的建筑规模宏大，具有中国传统建筑庄重的风格。庙内供奉着岳飞的神像，以及各种与他相关的文物和纪念品。每年的岳飞诞辰纪念日，无数人慕名前来参拜，表示对这位英雄的崇敬和怀念之情。岳王庙成了一个象征爱国主义精神和民族英雄崇拜的重要场所。

　　《满江红·写怀》是一首被广为传颂的宋词。此词上阕抒写作者悲愤中原重陷敌手，痛惜前功尽弃的局面，也表达自己继续努力，争取壮年立功的心愿；下阕运转笔端，抒写作者对民族敌人的深仇大恨，对国家统一的殷切期盼赤胆忠心。全词情调激昂，慷慨壮烈，显示出一种浩然正

气和英雄气概，表现了作者报国立功的信心和乐观奋发的精神。

　　这首词代表了岳飞"精忠报国"的英雄之志，词句中无不透出雄壮之气，显示了作者忧国报国的壮志豪情。它作为爱国将领的抒怀之作，情调激昂，慷慨壮烈，充分表现了中华民族不甘屈辱、奋发图强、雪耻若渴，从而成为反侵略战争的名篇。

　　岳王庙和《满江红·写怀》都是中国历史文化中重要的符号，它们以不同的形式表达了对岳飞这位伟大英雄的崇敬和追思之情。岳王庙作为一座纪念性建筑，见证了岳飞这位抗金名将的崇高精神；而《满江红》则传递出岳飞英勇的信念、乐观奋发的精神和对民族的赤诚丹心。无论是岳王庙还是《满江红》，都凝聚了中华民族的爱国情怀，成为中国历史文化的重要组成部分。

屈原舍生取义

屈原，战国时期楚国诗人、政治家。他是中国历史上一位伟大的爱国诗人，中国浪漫主义文学的奠基人，是"楚辞"的创立者和代表作者，开辟了"香草美人"的传统，被誉为"中华诗祖"。屈原虽出身贵族，但因自幼生活在民众之中，加上家庭的良好影响，故而十分同情贫穷的百姓。

他从小就立志要做一名爱国、爱民且正直的人。周显王四十八年（公元前321年），秦军犯境，屈原组织乐平里的青年奋力抗击，他一方面对青年们进行思想教育，一方面巧用各种战术，机智果敢地给秦军以沉重打击，一展其非凡才华。

战国末年，动荡不安，七国争雄，战乱频繁。楚国虽为强国，地广人多，经济发达，但政治落后。以楚王为首的最高统治集团，横征暴敛，使阶级矛盾、民族矛盾日益激化，屈原所处的楚国正处在由盛转衰的时期。年轻的屈

爱我中国
LOVE MY CHINA

舍生取义

原看到楚国越来越衰败，十分忧虑。于是，他决心在政治上有所作为，使国家再强盛起来。约公元前318年，二十二岁的屈原怀着远大的志向，从故乡来到郢都。

他经常找机会向楚怀王陈述自己富国强兵的主张与见解。怀王发现他学识渊博，才华横溢，就把他留在身边，予以重用，任命他为三闾大夫。三闾大夫负责楚国的祭祀，而祭祀时是要巫师唱歌的，歌曲的歌词就一定不能差。于是一组气势恢宏的祭祀诗歌横空出世，它就是《九歌》。楚怀王为眼前这位年轻人的盖世才华所折服，任命他为左司徒，参与政事，并兼管外交，接待宾客，应酬诸侯。

屈原学识渊博，品德高尚。又明于治乱，娴于辞令。年轻的屈原不负楚怀王的期望，表现出了卓越的政治才能。起草文件、接待外宾、制定政策，样样出色。屈原主张章明法度，举贤任能，改革政治，联齐抗秦，提倡"美政"。楚国一度出现了国富兵强、威震诸侯的局面。但是在内政外交上，屈原与楚国腐朽贵族集团发生尖锐的矛盾。由于上官大夫等人的嫉妒，

屈原后来遭到群小的诬陷和楚怀王的疏远。

公元前278年，秦国大将白起带兵南下，攻破了楚国国都，屈原的政治理想破灭，对前途感到绝望。楚国的危亡和人民的苦难，使屈原痛不欲生，虽有心报国，却无力回天。公元前278年，五月初五，屈原怀抱大石投汨罗江。老百姓听此噩耗很悲痛，前来打捞他的尸体，结果一无所获。于是，有人用苇叶包了糯米饭，投进江中，以防鱼虾蟹伤害屈原的身体，以此来祭祀屈原。这种祭祀活动一年一年流传下来，于是便有了农历五月初五端午节吃粽子的习俗。

屈原的出现，标志着中国诗歌进入了一个由集体歌唱到个人独创的新时代。屈原的主要作品有《离骚》《九歌》《九章》《天问》等。以屈原作品为主体的《楚辞》是中国浪漫主义文学的源头之一，与《诗经》并称"风骚"，对后世诗歌产生深远影响。《离骚》《九章》等篇，集中体现了屈原的政治主张。《离骚》是屈原最著名的代表作，《离骚》辞藻华美，想象丰富，文采绚烂，气魄雄伟。屈原在吸收民间文学艺术营养的基础上，创造出骚体这一新形式，以优美的话言，丰富的想象，融合神话传说，塑造出鲜明的形象，富有积极的浪漫主义精神。"路漫漫其修远兮，吾将上下而求索"，屈原的"求索"精神成为后世仁人志士所信奉和追求的一种高尚精神。

舍生取义
SHE SHENG QU YI

【延伸阅读】凭吊汨罗江

  屈原是中国战国时期的一位伟大诗人和政治家，他对国家忠诚，但由于遭受政治挫折和不公正待遇，最终在公元前 278 年选择跳入汨罗江自尽。屈原投江成了中国文化中一个重要的典故。

  人们在汨罗江凭吊是为了传承屈原的爱国精神。屈原为国家、为民族奋斗终生，最终却以身殉国。他的爱国精神和忠诚精神感动了世人，人们通过在汨罗江凭吊屈原来表达对屈原的敬仰和缅怀之情，同时也是为了传承和弘扬这种爱国主义精神，使爱国主义成为人们的行为准则和精神支柱。

人们在汨罗江凭吊屈原还是为了表达对屈原悲壮事迹的怀念之情。屈原的投江事件是一段悲剧,他的悲壮故事感动了世人。人们凭吊汨罗江不仅是为了怀念屈原的悲壮事迹,表达对他的深深怀念。同时也是为了提醒人们,记住历史,珍惜当下。

汨罗江是湖南省境内的一条河流,历史可追溯到上古时期。它见证了湖南地区的历史变迁,承载着丰富的文化内涵。许多历史名人如唐代诗人杜牧、明代文学家冯梦龙等都曾赞美汨罗江,通过诗词、散文等艺术形式来表达对汨罗江的赞美和敬意。因此,人们凭吊汨罗江也是为了传承和弘扬湖南地区的文化遗产。汨罗江与屈原的投江事件密不可分,人们通过汨罗江来缅怀屈原,传承和弘扬中华优秀传统文化。

范仲淹寒门逆袭

都说唐宋是中国历史上最辉煌的一段时期,政治、经济和文化艺术都达到了巅峰,所以到了明清年间,"唐宋八大家"逐渐成为天下读书人的楷模,纷纷学习和模仿他们的诗词文章。

中国数千年的历史中,范仲淹一直是一个独特的存在。他是黄庭坚等人公认的宋朝"文武第一人"。朱熹称他"天地间第一流人物"。冯梦桢称赞他为"殊绝人物"。

宋太宗端拱二年(989年),范仲淹出生,祖籍陕西邠州,后来中原兵荒马乱,他的高祖范隋就移居到苏州吴县。

范仲淹的祖上是唐朝宰相范履冰,但是辗转经历数代之后,到范仲淹这代时,范家已经没有什么显贵之人。他的父亲在五代时曾在吴越王手下做官,赵匡胤建立宋朝后,他又归降宋朝,做徐州节度掌书记,相当于军政、民政的机要秘书。范仲淹出生一年后,他的父亲就因病去世了,留下孤儿

爱我中国
LOVE MY CHINA

寒门逆袭

寡母生活非常艰难。无奈之下，母亲谢夫人改嫁给一个山东的官员，范仲淹跟着继父朱文瀚，改名为朱说。

因为很小就跟着继父生活，继父对他也很好，范仲淹一直以为自己就是朱文瀚的亲生儿子。二十二岁那年，范仲淹看见几个堂哥乱花家里的钱，就上去劝说他们节约一点，可谁知道两个堂哥非常不屑地对他说："我花朱家的钱，和你这个外人有什么关系？"被两个弟兄嘲讽，范仲淹倍感迷茫，于是赶紧跑去询问自己的母亲，母亲这才告诉他，他其实不姓朱。

大中祥符四年（1011年），范仲淹得知家世，伤感不已，毅然辞别母亲，前往南都应天府求学，投师戚同文门下。范仲淹离家时，母亲谢夫人追着他跑出来，范仲淹拉着母亲的手一直哭，他只给母亲留下一句"待日后我进士及第前来接您"，便又转身离开。

范仲淹十几岁时曾在山寺僧房里寒窗苦读，当时为了节约生活成本和学习时间，他每天夜里都煮上一锅小米粥，放到第二天早上凝固后切成四块，早晚各吃两块。

有同学看他吃得太过简单，就想着送他一点菜吃，范仲淹拒绝了，表示"君子固穷，不取不义之财"，他能够坚守节操。

范仲淹在应天府求学读书时，皇帝曾亲临此处祭祖，当时听说皇帝要来，全城的人都跑去围观，只有范仲淹没有去凑这个热闹。他表示："就眼下看来，还是读书要紧，等到功成名就时，总是能见到皇帝的，现在没空。"

果然，五年寒窗后，范仲淹以"朱说"的名字参加了科举，中乙科第九十七名，成功由"寒儒"成为一名进士，在扬州当司理参军，主要管理讼狱和案件。入仕之后，除了把母亲接过来奉养，范仲淹还回到了苏州老家，表示想认祖归宗，改回范姓，毕竟他已经进士及第，虽然是九品小官，但起码也能光宗耀祖。但令他没想到的是，苏州的范家人竟然拒绝了他，他同父异母的几个兄弟认为他图谋不轨，想分走家产。直到两年后，范仲淹因为"清廉有功"升了官，在多次协商下，苏州范氏才同意让他恢复了范姓。

范仲淹和大多数志存高远的书生学子一样，初入朝堂时从芝麻小官做起，但是与大多数人不同的是，不论官职大小，只要存在不公正或是不合理的地方，他统统点名批评，以至于招来了无数人记恨，得到重用后又被一贬再贬。

那时太后刘娥掌权，要皇帝带着文武百官给她庆祝生日。四十岁的范仲淹刚刚进京，成为秘阁校理，工作内容就是校勘和整理皇家图书馆的书籍。得知要给太后祝寿，范仲淹跳出来表示，皇帝虽然有心尽孝，但此事混淆了家礼和国礼，不合规矩。但这件事情没有得到答复，于是范仲淹把信写到了刘太后那里，直接让刘太后把政权还给皇上，随即被非常有野心的刘太后贬出京城。

范仲淹在地方任职时，常常和上级产生争执。范仲淹还经常给朝廷上疏治理主张，大多数都没有被采纳，但是仁宗一直将他忧国忧民的忠心看在眼里，记在心上。

多年后，太后刘娥去世，仁宗等到了亲政的时候，在明道二年（1033年）便紧急召范仲淹进京。然而右司谏的位子还没坐热，范仲淹又与宰相吕夷简发生了争执。

范仲淹一直不满吕相把持朝政，结党营私。三年后，他向仁宗进献《百官图》，指出吕相任人唯亲，气得吕相直接发飙说范仲淹"越职言事，荐引朋党，离间君臣"。

最后的结局是范仲淹被贬，在此过程中，范仲淹的妻子离世，他自己也得了重病。好友梅尧臣曾写诗送给他，劝他做官不要像啄木鸟一样清廉，眼里容不下任何沙子，他官微势小，啄了虫子只会给自己招来杀身之祸。梅尧臣希望范仲淹能懂得和光同尘，不露锋芒，随波逐流。范仲淹表露自己："宁鸣而死，不默而生"。

时间又过去两年，原本对宋朝称臣的西北李元昊突然称帝，国号"大夏"，与宋朝决裂，同时，为了让宋朝认同他们的地位，李元昊多次侵犯宋境，震惊朝野。打了两年仗，后来边疆战事吃紧，范仲淹被紧急派往战场。

范仲淹不仅是个颇有造诣的文人，更是一代狠人，要不然也不能成为众人夸赞的"文武第一人"。刚到陕西，范仲淹就大刀阔斧地改革了旧制军队，带领军队击退西夏，修复了已破荡的金明寨、万安城等。

在整场对西夏的战争中，大宋所有的边境城池都是破破烂烂的，唯有范仲淹的防线固若金汤。不仅如此，他还以少胜多，抢回十数城寨，逐渐培养出狄青、郭逵等北宋名将。

狄青虽然一直武力惊人，会行军打仗，但是在遇到范仲淹以前，他只是一介莽夫，没有成名的机会。范仲淹在戍边西北时教会了他读书和兵法后，狄青视他为终身之师。

庆历三年（1043年），李元昊请求议和，范仲淹也被仁宗召回京师，授正二品枢密副使。谏官曾上言说范仲淹有宰相之才，仁宗这时候也非常看重范仲淹，打算让他当个宰相副职，但是范仲淹拒绝了。

这一年，仁宗推动范仲淹发动了史书上著名的"庆历新政"，想要用一场改革改变宋朝积贫积弱的状态。新政最主要的行动，就是要淘汰一些没用的官臣，但这也意味着范仲淹和欧阳修、富弼等人即将得罪一大批利益集团。但皇帝都曾经敢得罪，范仲淹又怎么会在乎这些？

就在庆历二年（1042年），也就是新政的前一年，一位才子拜欧阳修为师，他就是科举进士排名第四的王安石。虽然刚刚步入仕途，在地方担任小官，但王安石一直都在关心新政的施行，对范仲淹等人非常敬佩，不知不觉间，"变法"深入王安石心中。

或许范仲淹这时也没想到,他们为国为民的行为,正在积极地影响着下一代人。但可惜的是,因为边疆再起战事和无数朝臣诽谤新政,"庆历新政"仅实行了一年多就逐渐被废止,改革因此失败。

于是在庆历六年（1046年）,范仲淹写下千古诗篇《岳阳楼记》,诉说自己"先天下之忧而忧,后天下之乐而乐"的爱国爱民情怀和政治理想。

范仲淹的童年和青年时期过得很苦,后来做了官,也一直过着清贫的生活,将自己为官所得的钱财拿到苏州买下千亩良田。所有人都以为他要开始享受生活时,他却在这片土地上开办了一个义庄,用以资助附近的孩子读书。他给义庄设立了一套极为繁复的管理制度,直到一千年后,人们惊奇地发现,这个义庄竟然一直存在。

到嘉庆二十年（1815年）时,因为管理严密、运营得当,义庄的占地面积增长到了约5000亩,一直到民国时期都还在运转。可惜的是,再厉害的人物故事也会随风飘去。皇佑四年（1052年）,范仲淹带病上任,当年6月19日在徐州病逝,享年64岁,葬在洛阳万安山下,世宗赠谥号"文正",追封"楚国公",靖康元年（1126年）,宋钦宗特赠"魏国公"。到今天,我们只能常在诗词与文章中了解到范文正公的风气节操。

寒门逆袭

HAN MEN NI XI

【延伸阅读】范仲淹的文学成就

　　《岳阳楼记》是范仲淹于庆历六年九月十五日（1046年10月17日）应好友巴陵郡太守滕子京之约，为岳阳楼重修而创作的一篇散文。这篇文章通过写岳阳楼的景色，以及阴雨和晴朗时带给人的不同感受，揭示了"不以物喜，不以己悲"的古仁人之心，也表达了自己"先天下之忧而忧，后天下之乐而乐"的爱国爱民情怀。散文作品《岳阳楼记》是范仲淹的代表作，以优美的文字、深邃的思想内涵，抒发了对天下苍生的关怀之情，是中国文学史上的经典作品之一。

　　文章超越了单纯记述山水楼观的狭隘境地，将自然界的晦明变化、风雨阴晴和"迁客骚人"的"览物之情"结合来写，将行文重心放到抒发政治理想、探求深远抱负方面，提升了文章的格局和境界。全文记叙、写景、抒情、议论融为一体，动静相生，明暗相衬，文辞简约，音节和谐，用排比对偶章法作景物对比，成为游记中的创新，也成就千古名句"先天下之忧而忧，后天下之乐而乐"。

《岳阳楼记》享有盛名，不独其思想境界之崇高，更重要的是范仲淹写此文时正贬官在外，"处江湖之远"，本来可以采取独善其身的态度，游山玩水于江湖，落得日日清闲。但他还是提出正直士大夫应知行合一的准则，认为个人的荣辱升迁、进退留转应置之度外，"不以物喜，不以己悲"，要"先天下之忧而忧，后天下之乐而乐"，勉励自己也激励朋友，观照过去和当下，这种精神和境界实属难能可贵。

附《岳阳楼记》原文：

岳阳楼记

庆历四年春，滕子京谪守巴陵郡。越明年，政通人和，百废具兴，乃重修岳阳楼，增其旧制，刻唐贤今人诗赋于其上，属予作文以记之。

予观夫巴陵胜状，在洞庭一湖。衔远山，吞长江，浩浩汤汤，横无际涯，朝晖夕阴，气象万千，此则岳阳楼之

大观也，前人之述备矣。然则北通巫峡，南极潇湘，迁客骚人，多会于此，览物之情，得无异乎？

若夫淫雨霏霏，连月不开，阴风怒号，浊浪排空，日星隐曜，山岳潜形，商旅不行，樯倾楫摧，薄暮冥冥，虎啸猿啼。登斯楼也，则有去国怀乡，忧谗畏讥，满目萧然，感极而悲者矣。

至若春和景明，波澜不惊，上下天光，一碧万顷，沙鸥翔集，锦鳞游泳，岸芷汀兰，郁郁青青。而或长烟一空，皓月千里，浮光跃金，静影沉璧，渔歌互答，此乐何极！登斯楼也，则有心旷神怡，宠辱偕忘，把酒临风，其喜洋洋者矣。

嗟夫！予尝求古仁人之心，或异二者之为，何哉？不以物喜，不以己悲，居庙堂之高则忧其民，处江湖之远则忧其君。是进亦忧，退亦忧。然则何时而乐耶？其必曰"先天下之忧而忧，后天下之乐而乐"乎！噫！微斯人，吾谁与归？

时六年九月十五日。

四

戚继光抵御外侮

戚继光，字元敬，号南塘，晚号孟诸。山东登州人，现山东半岛一带。明朝杰出的军事家、民族英雄。其祖为明朝开国将领戚祥，曾任朱元璋亲兵，明神宗万历十六年（1588年）病逝，授世袭明威将军。

戚继光从小受其父戚景通严格教育。嘉靖二十七年（1548年），兵部主事计士元推荐戚继光："留心韬略，奋迹武闱。管屯而俗弊悉除，奉职而操持不苟。"更获得张居正信任。戚继光从浙江义乌募集矿工和农民，编练戚家军。嘉靖三十九年（1560年），受到时任兵部职方司郎中唐顺之的启发，从其所编"六编"中《武》获得灵感，戚继光创立"鸳鸯阵"，此阵法攻防兼宜，适合于山林、道路、田埂等狭窄地形。

戚继光不仅有一腔爱国热情和战场指挥才干，还是一位锐意进取、对军事制度进行改革的创新者。

爱我中国
LOVE MY CHINA

抵御外侮

1555年，戚继光调赴浙江就任都指挥使之际，中国东部沿海正不断受到倭寇侵犯。一股70人的倭寇登陆后竟深入腹地行程千里，从浙东窜入安徽、江苏，一路掠杀，还围绕南京城兜了一大圈。当时在南京驻有军队12万人，却多不敢出战。最后这股倭寇虽然被歼，但明军伤亡竟达4000人。

当时中国人口、财力和军队数量都超过日本多倍，倭寇还非正规军，然而明军几十年间在沿海却陷于被动挨打的局面。仔细分析这一反常现象，可以看出当时中日双方在军事组织和战术上的差距。明朝军队量多而质差，重要原因是因其实行"卫所"世兵制，每个"军户"出丁一人，代代不变。此制度建立后，士兵逃亡和换籍众多，至明中叶以后卫所出现大量空额，所剩残卒也多为军官役用，训练废弛。偌大的明王朝，纸面上兵力多达280万人，能作战的却十分有限。

戚继光奉命抗倭后，立即改革军制，不用卫所制的世兵，而是招募流亡农民和矿工，精选3000人组建新部队。这些士

兵多受过倭祸之害，戚继光就此以"保国卫民"训导官兵，同时严肃军纪，实行"连坐法"，规定全队退却则队长斩首等法规，使所部战斗意志高昂。他还摈弃旧式"看武艺"的训练法，采取了鸳鸯阵等新战术，并建立了队、哨、营等新编制，组织调度比较灵活。戚继光还注重研究葡萄牙和日本的新式火器，仿制出鸟铳和"佛朗机"炮，从而使明军进入了冷热兵器混用的阶段。

军制改革后，这支军队出现在浙东沿海战场，抗倭形势很快改观。戚继光把数量有限的部队形成一个拳头主动出击，在台州九战九捷。大感惊恐的日本海盗转而窜扰福建、广东沿海后，戚家军也随之南调。戚继光根据倭寇在海边游动需要据点和岛屿作为巢穴的特点，也以主动攻击为主，其中夜袭横屿岛一仗歼敌2000人。戚家军在浙江、福建、广东三省转战10年，日本海盗因惧歼而不敢再犯。

嘉靖四十年（1561年），倭寇大举侵犯台州，戚家军大破倭寇于浙江临海，九战九捷。嘉靖四十二年（1563年），与福建总兵俞大猷、广东总兵刘显等创平海卫大捷。从此倭患终被荡平。戚继光曾为诗："南北驱驰报主情，江花边月笑平生，一年三百六十日，多是横戈马上行。"万历十一年（1583年），张居正死后，戚继光被杨四畏排斥，被调到广东任镇守，郁郁以终，晚年家徒四壁、医药不备，且被妻子遗弃。万历十六年（1588年）逝世于蓬莱故里。

抵御外侮
DI YU WAI WU

【延伸阅读】戚继光的创造发明

历史上的戚继光，是骁勇善战的战士，能身披战甲冲锋陷阵；是雄才伟略的将军，能排兵布阵直捣黄龙；还是才华横溢的诗人，能吟诗作对挥毫泼墨。

更多人不知道的是，他改造和发明的各种武器、战船，独创的各式阵法都在未来的战役中发挥了重要作用。

在公认的中国古代十大兵书里，《纪效新书》赫然在列。这部兵法不但是兵家圣典，更是戚继光将军在东南沿海抗倭经验的总结和提炼，具有指导战争的实践意义，威名远扬的戚家军就是由此书所记载的方法操练而成。

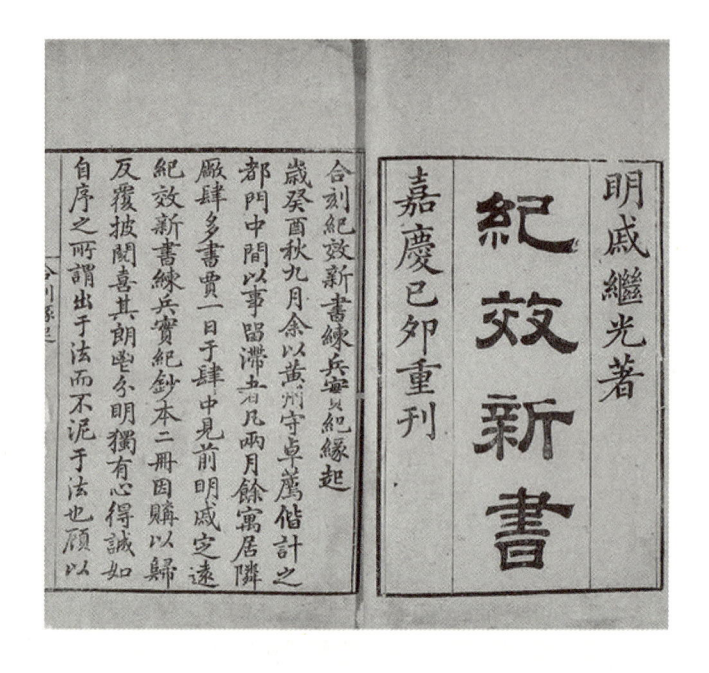

《纪效新书》详细阐述了选兵、编伍、操练、出征等理论和方法，系统地总结了台州及浙江的抗倭御敌、武器创新和城防建筑等经验。就算以现代眼光来审视这部兵书也毫不落伍，其中记载的多项创造发明甚至可申请专利。如操练营阵旗鼓、长兵短用、短兵长用；烽堠报警号令、差点墩堠法式、墩军守瞭之法、守城伏路诸法；爆炸贼船点火法、飞天喷桶、大蜂巢等，可谓琳琅满目，妙不可言。日本曾以《武术早学》《军法兵记》《兵法奥义》等不同书名出版此书。

倭寇的核心是日本武士，而日本人认为武士的灵魂是他的刀刃，所以破了倭刀就等于拔了毒蛇的毒牙。倭刀为何厉害？因为日本武士以战争为职业，所以不惜重金寻求好刀，同时惯练善用。而且倭刀还特别长，刀身长约5尺（约1.66米），而明军所持长刀的刀身长约3尺（1米），只是普通的军备品，因此，在陆战时，明军并不占优势。

戚继光对敌我双方的优劣看得非常清楚。1560年正月，他针对倭寇长刀，创立鸳鸯阵，教新兵操练。"鸳鸯阵"是以12人为一作战基本单位的阵型，最前为队长，次为长牌手、藤牌手、狼筅手、长枪手、短兵手各二，火兵为末。"鸳鸯阵"不但使矛与盾、长与短紧密结合，充分发挥了各种兵器的效能，而且阵型变化灵活。

配合鸳鸯阵使用的，是戚家军独创的兵器——狼筅。以毛竹为材料，除去竹叶，留下硬竹枝，削尖竹竿，这根竹子就是狼筅。明军手持竹根部位，长刀砍来，被竹枝卡住，其他竹枝和竹尖仍可伤及敌人，就算被刀斩去一截，依然锋利如故。

倭寇的单兵作战能力特别强，倭刀又锋利难挡，一开始明军伤亡情况很严重。台州大战前，戚继光将缴获的日本倭刀刀谱《隐流之目录》改编成《辛酉刀法》，亦名"戚家刀法"，用于鸳鸯阵，结果在台州大战中大放光彩。

有戚继光根据实战需要，根据台州南拳"刘家拳""捷"的核心理念，综合当时多家著名拳法中的踢、打、摔、拿等技法，精心创编了戚家拳。"戚家拳"是戚继光训练"戚家军"的必修课，该拳法核心在一个"捷"字，天下武功，唯快不破，"戚家军"凭此拳法御敌四方。

戚继光军事实践的另一个伟大创举，是创建空心敌台。嘉靖三十八年（1559年）四月，数千倭寇登陆台州，一股倭寇围攻桃渚城达七昼夜。戚继光与时任浙江海道副使谭纶率兵冒着暴雨急行军300余里解桃渚之围，尔后数战数捷，彻底歼灭入侵之倭。进驻桃渚城，看到城池破败，立即动员军民大规模修复城墙。他以军事家的眼光发现城内东北角和西北角"为薮泽，蔽塞不通"，成了死角。于是两角创造性地各修筑了一座空心敌台，使桃渚"城上有台，台上有楼，高下深广，相地宜以曲全，悬瞭城外，纤悉莫隐"。

　　空心敌台的修建，大大增强了桃渚城的防御能力。嘉靖四十年（1561年），戚继光又在台州府策划修筑了13座空心敌台，为其晚年大规模建造北方长城空心敌台开启了先河。

五

林则徐虎门销烟

　　林则徐，福建省侯官（今福州市区）人，是清朝时期的政治家、思想家和诗人。官至一品，曾任湖广总督、陕甘总督和云贵总督，两次受命为钦差大臣；因其主张严禁鸦片，在中国有"民族英雄"之誉。

　　尽管林则徐一生力抗西方入侵，但对于西方的文化、科技和贸易则持开放态度，主张学其优而用之。根据文献记载，他至少略通英、葡两种外语，且着力翻译西方报刊和书籍。晚清思想家魏源将林则徐及幕僚翻译的文书合编为《海国图志》，此书对晚清的洋务运动乃至日本的明治维新都具有启发作用。

　　1839年3月，林则徐到了广州，他派人明察暗访，强迫外国鸦片商人交出鸦片。起初，外国烟贩和勾结他们的洋行商人并没有把林则徐的到来放在心上。他们知道，清朝官员都爱钱，只要花上银子，没有过不了的关。于是，

爱我中国 LOVE MY CHINA

虎门销烟

他们派怡和洋行的老板伍绍荣为代表去求见林则徐,暗示贿赂的数目。

可这一回,烟贩们的如意算盘打空了。林则徐听完了来意,拍案而起,怒斥道:"本大臣不要钱,只要你的脑袋!"他命令伍绍荣回去告诉外国主子:限三天以内,把所带的鸦片全部交官,并且签立今后永远不夹带鸦片的保证书。如果胆敢违令,一经查出,货物一律充公,贩卖鸦片的商人一律处死。

英国大烟贩颠地,是外国鸦片商人的头目,还拥有走私武装。他先是呈报了一千箱鸦片,妄图蒙混过关。林则徐早就调查过海上商船的情况,知道他弄虚作假,下令传讯颠地。颠地回船后,继续拖延时间,对缉私人员进行武力挑衅,于是林则徐决定逮捕他。

英商监督义律把颠地藏匿在商馆里,拒不交出,还以战争叫嚣相威胁。林则徐针锋相对,封锁了黄埔一带的江面,又派兵包围了商馆。广州百姓自愿参加巡逻,一防颠地潜逃,二防内奸混入。商馆断水断粮,义律再也无法顽抗,不得不同意交

出所有船上的两万多箱鸦片。

　　林则徐派人在虎门海滩的高处，挖了两个长宽各五十丈的大池，池壁有涵洞与大海相通。1839年6月3日，林则徐率领广东大小官员，前来监督销毁收缴的鸦片。一箱箱鸦片被投入浸满海水的大池中，再倒上海盐和生石灰，顿时池水沸腾，浓烟滚滚，鸦片化作了灰烬。成千上万围观的群众，发出了雷鸣般的欢呼声。一批焚毁，冲刷干净，又投入一批。就这样，虎门销烟整整持续了二十三天。

　　林则徐在查禁鸦片的同时，也加强了海岸的军事防备。他修固和增筑炮台，在珠江口的海面上设置木排铁链，不仅如此，他还招募水兵，组织团练，发动民众保卫海疆。虎门销烟后，义律率英国兵船多次发起武力挑衅，都被中国军队击退。

　　林则徐领导的禁烟斗争，从一定程度上遏制了鸦片在中国的泛滥，向世界展示了中国人民抗击外来侵略的能力和信心。但是，因为禁烟运动直接损害了英国资产阶级的利益，使中英关系陷入极度紧张的状态。虎门销烟也成了外国列强发动鸦片战争的导火索。

虎门销烟

HU MEN XIAO YAN

【延伸阅读】鸦片战争

第一次鸦片战争

1840年2月，英国政府任命乔治·懿律和查理·义律为正副全权代表，懿律为侵华英军总司令，率英舰48艘，大炮540门和士兵4000人，驶往东方。6月，英舰队主力到达广州湾，除留下部分船只封锁广州外，于7月进犯厦门，接着北犯浙江，攻陷中国第一座县城——定海。然后于8月到达天津，向清政府递交照会，强悍地要求赔款、割地、通商。

英军北犯，引起了清廷的恐慌。穆彰阿、琦善等宣扬战争是林则徐禁烟造成的，而且英军船坚炮利。此时的道

光帝惊慌之中动摇了当初的厉禁决心和抵抗政策，从目空一切的"虚骄心"，转而对英国采取妥协的立场，先派琦善赴天津与英人谈判，后任琦善为钦差大臣并署理两广总督，赴广东继续办理中英交涉，同时将林则徐与邓廷桢革职查办。

琦善到广州谈判时，也不敢满足义律的割地要求。1841年1月7日，英军突袭大角、沙角炮台成功，义律提出《穿鼻草约》，要求增辟通商口案和赔偿鸦片损失费600万银元。面对英军的无理要求，琦善尽管态度暧昧，但没有在草约上签字，道光帝亦感到英国的过分要求有伤"国体"，遂于27日发布诏令对英宣战，调各省绿营兵前往广东参战。英军即采取先发制人的战略，于2月攻占虎门，进逼广州。

当时琦善已被革职查办，奕山任靖逆将军，由于清军军事素质落后，战力低下，统兵大员多贪生怕死之辈，5月底，广州失陷。清廷被迫订立《广州和约》，向英军交付600万元赎城费。

英国政府看到腐朽的清军不堪一击，遂改派璞鼎查为全权代表，率军扩大侵略战争。8月，璞鼎查进占厦门，9月克镇海，陷宁波。在战争中，鸦片已使清政府初尝恶果，军队因吸食鸦片而丧失战力的噩耗时有所闻。例如在浙江前线，前营总指挥张应云率部作战时，这位大人烟瘾大作，不能指挥。

英军1842年6月攻吴淞，下宝山，得上海，接着溯长江西犯，攻克镇江后，直抵南京城下。这时，赶到南京的清廷代表耆英、伊里布急忙谈和，接受了英国提出的全部条款，第一次鸦片战争至此结束。

严格意义上说，对英国而言，这场军事行动并不是一场动骨伤筋的战争，他们最初仅仅出动了3000人，兵力最多时亦仅万人，充其量只是一次武装冲突，但对中国而言，却是一次震撼天朝、改写历史的战争，这不仅是因为它是近代以来西方列强给予中国的第一次沉重的打击，更重要的是中英《南京条约》所带来的影响。

1842年8月29日，清政府代表耆英、伊里布和牛鉴与英国政府的代表璞鼎查签订了《南京条约》(《江宁条约》)。这个近代中国第一个不平等条约，共13款，主要内容是：一、割让香港给英国；二、赔款2100万银元，四年内交清；三、开放广州、厦门、福州、宁波和上海为通商口岸；四、取消"公行"制度；五、协定关税。

此后到1843年7月22日，中英在香港议定《五口通商章程及海关税则》，10月8日，他们又在虎门订立《五口通商附粘善后条款》，亦称《虎门条约》。英国人从中又获得领事裁判权、片面最惠国待遇以及在通商口岸租赁房地的权利。

接着美、法殖民者也跟踪而至，以分尝英国战胜中国后的一杯美酒。1844年7月3日，中美代表在澳门的望厦

村签订了《望厦条约》，共34款，除了没有割地赔款一条外，不仅取得了英国在此前三约中的一切特权，而且还在领事裁判权和协定关税权方面有所扩大。因此顾盛曾得意洋洋地向美政府报告说："美国及其他国家必须感谢英国，因为它订立了《南京条约》，开放了中国门户。但现在，英国及其他国家也必须感谢美国，因为我们将这个门户开放得更宽阔了。"

1844年8月，法国也派专使拉萼尼来华讹诈，10月24日，清政府代表耆英与拉萼尼签订《黄埔条约》，法国如愿以偿地取得英美所得到的各项权利。

第二次鸦片战争

随着《南京条约》的签订，英国资产阶级以为这下总算打开了中国这个世界最大市场的大门。枢密院顾问官璞鼎查在英国议院宣称："倾所有英国兰克夏纺织厂的出产，都不足供给中国一个省的消费之用。"于是，西方各国怀着发财的美梦掀起了向中国倾销商品的狂潮。

然而，结果并没有像英国资产阶级想象的那样，直到中英通商10年以后，在中国消费的英国制造品，还不及荷兰的一半，当然，鸦片除外。他们并不明白，强悍的武力虽然制服了清朝政府，但并没有动摇中国自给自足的自然经济的统治地位；他们虽用利炮轰开了中国主权国家的大门，但并没有轰散中国的农业与家庭手工业的牢固结合。另外，鸦片贸易的增长也妨碍了合法贸易的发展。即使是对于进展最顺利的鸦片贸易，殖民者似乎也不太满意。因为，一方面清政府表面上仍坚持禁止鸦片贸易，另一方面殖民者靡费于武装走私，也非常不便。

因此，英国迫切要求中国开放更多的通商口岸，以扩大商品输出，实现鸦片贸易的合法化，扬言必要时不惜再度使用武力达到这一目的。1854年，英国以《望厦条约》有12年后在贸易及海面各款上稍作变通的规定为借口，指示驻华公使联合法、美两国公使布尔布隆和麦莲，向清廷进行修约交涉。他们提出了公使进京、承认鸦片贸易合法、增天津为通商口岸等要求，清政府以"荒谬已极"予以驳回。在公使包令看来，"除非有一个武力示威的支持和强迫"，否则他们是不能成功的。于是，英、法两国便寻找借口，挑起战争。

1856年10月，英国以广东方面搜捕中国走私船"亚罗号"为借口，悍然出兵占领广州各炮台，第二次鸦片战争爆发。与此同时，法国以发生在广西的"马神甫事件"为口实，派军队同英国一起对华开战。1857年12月，英法联军攻占广州。次年，又向天津进发。6月，清廷被迫与英法签订《天津条约》。1859年6月，英、法军队以入京换约为名，再起衅端，清军在大沽口英勇抗击。10月英法联军在占领大沽口后，攻入北京，火烧圆明园，并迫使清政府签订了中英、中法《北京条约》，增开天津为通商口岸。

作为战争起因的鸦片问题，也因《通商章程善后条约》

的订立而完全合法化了。

英国一直在谋求鸦片贸易的合法化。不仅英国如此，连美国也有此要求。美国公使列维廉在中美《天津条约》里，把《望厦条约》中有关美国政府对本国国民携带鸦片不加保护的规定取消后，仍不满足，他接着向英国公使额尔金提出正式照会，敦促英方在中英税则谈判中要求清政府承认鸦片贸易合法化。额尔金从列维廉那里找到了支持，信心大增。

于是，在上海举行的中英通商税则谈判中，英方提出了鸦片贸易合法化的要求。清政府代表被迫承认了鸦片合法贸易的原则。当讨论到鸦片税率时，钦差大臣桂良等起初要求每箱纳税60两，英方反对说，税率不能高到鸦片商人承受不了而设法逃税的限度，还价15到20两，最后双方同意定为每箱30两。1858年11月，清政府分别与英、法、美订立《通商章程善后条约》，将鸦片改称洋药，规定："向来洋药……等物，例皆不准通商，现定稍宽其禁，听商遵行纳税贸易，洋药准其进口。"

从此，至少在法律上是被禁止的鸦片，变成了合法的洋药，可以完全公开买卖了。这样，西方在取得设立租界、片面最惠国待遇、领事裁判权等特权之后，又夺得了鸦片的销售权。而且不仅是洋药可自由输入，内地自种的"土药"也可种植和买卖了。

六

郑成功收复宝岛

郑成功，福建泉州府南安县（今福建泉州南安）石井乡人，抗清名将、民族英雄。郑成功自幼才思敏捷，聪明过人。崇祯十七年（1644年），在南京国子监读书。南明弘光覆亡前夕，郑成功回到福建。时南明唐王朱聿键建都福州，建元隆武。郑芝龙领郑成功觐见隆武帝，隆武帝见其少年英俊，便赐姓朱，封忠孝伯，人称"国姓爷"，又令挂"招讨大将军"印，镇守仙霞关等军事重地。

台湾于1624年和1626年先后遭到荷兰殖民者与西班牙殖民者入侵。1642年，荷兰打败西班牙，夺取了整个台湾岛的控制权。顺治十八年（1661年）初，郑成功带领两万五千名官兵，大小战船数百艘，从福建金门料罗湾出发，经澎湖到达台湾西南沿海，在赤嵌（今台湾台南）附近的禾寮港登陆。在海战中，郑军用火船击沉荷兰主要舰只赫克托号船；在陆战中，击毙荷兰侵略军头目汤玛斯·贝德尔和

爱我中国
LOVE MY CHINA

收复宝岛

一百一十余名侵略者。郑成功挥师围攻赤嵌城，用断水办法逼迫荷军守将于五月四日率军出降。郑成功进而炮攻荷兰殖民者首府，荷兰殖民总督揆一利用城高炮烈顽抗，攻城未下。郑成功遂一面指挥军队围困台湾城，一面在已收复地区加强政治、经济建设。荷兰殖民者在巴达维亚（今印度尼西亚雅加达）的长官和总评议会上得知郑成功率军在台登陆消息后，派遣一支由雅科布·考乌率领的援军，于九月驶靠台湾城，与该城荷军联合进攻台湾街和附近的中国战船。在郑军坚决反击下，荷军进攻失败，考乌借口配合清军打击大陆上郑成功军队，擅自近经暹罗（今泰国）逃回巴达维亚。郑成功在围困台湾城八个多月后，在同年十二月初，用火炮轰击台湾城东的乌特利支堡，占领该堡后，逼攻台湾城。十二月十三日，揆一献城投降，荷兰殖民者终于签订投降书，不久即率残部离开台湾。郑成功收复了被荷兰殖民者盘踞近四十年的台湾岛。

郑成功到台湾后，按大陆政制，改赤嵌地方为东都，设立承天府和天兴县、万

年县，分管南北路，改台湾城为安平镇，后又在澎湖设立安抚司。他在经济上实施屯垦，鼓励"寓兵于农"。注意发展对外贸易和民间贸易，并奖励大陆东南沿海人民迁台定居，以参加农业生产，推广先进农耕技术。由于军队和移民的开垦活动，不久后台湾西部出现了新建的村镇，文化教育也有了初步发展。

郑成功是两岸人民共同敬仰的民族英雄，被许多台湾同胞视为台湾的"守护神"。郑成功带去的许多中华传统文化，对台湾的影响既深且广。今日，台湾有奉祀郑成功的大小庙宇100多间。回顾郑成功驱逐荷兰殖民者收复台湾的历史，也为现今完成国家统一、维护国家领土主权完整、反对台独分裂提供了具有现实意义的历史启示。

收复宝岛
SHOU FU BAO DAO

【延伸阅读】台湾岛风光

　　风景，是一地文明的印记，一方大地的灵魂。来到中国台湾，那些山川河流，见证着这片土地的文明沉淀；那些壮阔全景，承载着华夏民族的记忆与精神。我们看的不仅是风景，更要探寻这些风景背后的故事。因为它们见证着这片土地的过去、现在与未来，见证着中国台湾的历史文化，蕴含着这片土地的气质灵魂。

　　台北101大厦是台湾的地标式建筑，融合了现代科技与东方古典美学，细长挺拔的造型仿如一株劲竹，寓意节节高升、欣欣向荣。

台北故宫博物院是收藏中华文化瑰宝的殿堂，承载着浓浓历史韵味。无数国宝级文物在这里静默诉说着文明积淀。

800米的清水断崖陡立海上，苍茫大海拍击其下，气势磅礴壮阔。这处地质奇观是大自然鬼斧神工的杰作，这是中国台湾造山运动的历史，也见证了这片土地上强大的自然力量。

拥有"台湾三峡"的雄名之称的太鲁阁峡谷是一条蜿蜒在山间的幽谷。险峻挺拔的山壁将谷中河流层层包围，谷底飞瀑直下，水声轰鸣，令人神往。太鲁阁不仅见证了台湾高山的雄浑，更留下了许多历史遗迹，让人想象着峡谷历经的沧桑变迁。

古老的阿里山脉拥有清新的高山气候和原始翠绿森林。日出云海、夕阳醉人，各种珍稀动植物栖息其间。阿里山蕴含着当地原住民悠久的历史文化，传承着各族群丰富的传说与故事。漫步林间小道，我们可以感受到这座山脉记忆的深厚。

日月潭是一片天然淡水湖，拥有圆日与弯月般的双潭美景。它静谧而深邃，见证了台湾水利发展的历程，也因秀丽的风景吸引着无数文人墨客。日月潭承载了台湾南部地区的记忆与灵魂，让人感受到这片湖水蕴含的历史韵味。

七

辛弃疾金戈铁马

　　辛弃疾，原字坦夫，后改字幼安，中年后号稼轩，济南府历城县（今山东省济南市历城区）人。南宋官员、将领，文学家，豪放派词人，有"词中之龙"之称，与苏轼合称"苏辛"，与李清照并称"济南二安"。

　　辛弃疾早年与党怀英齐名北方，号称"辛党"。青年时参与耿京起义，并擒杀叛徒张安国，回归南宋，献《美芹十论》《九议》等，条陈战守之策，但不被朝廷采纳。先后在江西、湖南、福建等地为守臣，曾平定荆南茶商赖文政起事，又力排众议，创制飞虎军，以稳定湖湘地区。由于他与当政的主和派政见不合，故而屡遭劾奏，数次起落，最终退隐山居。开禧北伐前后，宰臣韩侂胄接连起用辛弃疾知绍兴、镇江二府，并征他入朝任枢密都承旨等官，均被辛弃疾推辞。开禧三年（1207年），辛弃疾抱憾病逝，享年六十八岁。后赠少师，谥号"忠敏"。

爱我中国
LOVE MY CHINA

金戈铁马

辛弃疾一生以恢复为志，以功业自许，却命运多舛，壮志难酬。但他始终没有动摇收复中原的信念，而是把满腔激情和对国家兴亡、民族命运的关切、忧虑，全部寄寓于词作之中。其词艺术风格多样，以豪放为主，风格沉雄豪迈又不乏细腻柔媚之处，题材广阔又善化用典故入词，抒写力图恢复国家统一的爱国热情，倾诉壮志难酬的悲愤，对当时执政者的屈辱求和颇多谴责，也创作了不少吟咏祖国河山的作品。

绍兴三十一年（1161年），金主完颜亮大举南侵，欲灭亡南宋，统一江南。这时金朝统治下的中原地区，赋役繁重，人民不堪征调，纷纷起义反抗。二十一岁的辛弃疾毅然参加了由耿京领导的声势浩大的起义军，并担任掌书记，负责起草檄文等。

根据当时形势，为取得南宋朝廷的支持，与南宋军队配合作战，辛弃疾力劝耿京"决策南向"，接受南宋朝廷的领导。绍兴三十二年（1162年）正月，耿京命辛弃疾和贾瑞等人奉表南归，宋高宗在建

康（今江苏南京）接见了他们，任命耿京为天平军节度使，辛弃疾为右承务郎、天平军掌书记，并让他们回山东向耿京传达南宋朝廷的旨意。但就在辛弃疾与朝廷接洽成功，准备返回军中的时候，义军内部却发生了重大变故——叛徒张安国、邵进等谋害耿京，带领一部分人投降了金朝。彼时，辛弃疾等人行至海州（今江苏东海附近），闻讯后即约海州统制王世隆等五十人驰赴金营，张安国正与金将酣饮，辛弃疾等人出其不意袭进金营，抓获张安国，在五万金兵中带着张安国摆脱追敌，疾驰而归，后张安国在临安被斩首示众。辛弃疾这一机智勇敢的行动，在南宋朝野引起极大的震动，正如洪迈所云："壮声英慨，儒士为之兴起，圣天子一见三叹。"辛弃疾后来回忆这段少年时的壮举，感慨道："壮岁旌旗拥万夫，锦襜突骑渡江初。燕兵夜娖银胡䩮，汉箭朝飞金仆姑。"

在起义军中的表现，以及惊人的勇敢和果断，使辛弃疾名重一时。被宋高宗任命作为"归正人"的他为江阴签判，从此二十三岁的他开始了在南宋的仕宦生涯。

不久，宋孝宗即位，孝宗也一度表现出想要恢复失地、报仇雪耻的锐气，重用主战派人士张浚，进行宋室南渡以来的第一次主动北伐。在取得一系列胜利后，由于主将之间的妒功害能导致符离大败，随后金宋签订"隆兴和议"。在此情况下，主和派势力又占了上风，但二十六岁的辛弃疾不为所动，向宋孝宗进奏《美芹十论》（又称《御戎十论》），客观地分析了宋金双方的形势，提出了周密详尽的恢复大计和克敌制胜的战略战术。之后，他又向右丞相虞允文呈送了《九议》，再次陈述他的抗金方略。辛弃疾希望以此唤起宋廷君臣的抗金热情，坚定他们抗战必胜的信念。但是，在逐渐偏安成风的情况下，他的满腔热忱并未引起统治者的重视，经过深思熟虑的恢复中原大计如石沉大海，这使辛弃疾陷入极度的悲愤和苦闷中。

一连串的打击使辛弃疾心力交瘁。开禧三年（1207年）秋，朝廷再次起用辛弃疾为枢密都承旨，令他速到临安（今浙江杭州）赴任。但诏令到铅山时，辛弃疾已病重卧床不起，只得上奏请辞。同年九月初十，辛弃疾逝世，享年六十八岁。据说他临终时还大呼"杀贼！杀贼！"。辛弃疾身故之后，家无余财，仅留下生平诗词、奏议、杂著、书集。

朝廷闻讯后，赐对衣、金带，视其以守龙图阁待制之职致仕，特赠四官。绍定六年（1233年），追赠光禄大夫。德祐元年（1275年），经谢枋得申请，宋恭帝追赠辛弃疾为少师，谥号"忠敏"。

金戈铁马

JIN GE TIE MA

【延伸阅读】豪放的诗意人生

辛弃疾是南宋时期的一位著名文学家、将领，他的诗歌作品充满了对生命的感悟和人世的思考，豪放之外亦有婉约，表现出了独特的诗意人生。

辛弃疾诗词赏析：

破阵子·为陈同甫赋壮词以寄

醉里挑灯看剑，梦回吹角连营。八百里分麾下炙，五十弦翻塞外声，沙场秋点兵。

马作的卢飞快,弓如霹雳弦惊。了却君王天下事,赢得生前身后名。可怜白发生!

菩萨蛮·书江西造口壁

郁孤台下清江水,中间多少行人泪?西北望长安,可怜无数山。

青山遮不住,毕竟东流去。江晚正愁余,山深闻鹧鸪。

永遇乐·京口北固亭怀古

千古江山,英雄无觅孙仲谋处。舞榭歌台,风流总被雨打风吹去。斜阳草树,寻常巷陌,人道寄奴曾住。想当年,金戈铁马,气吞万里如虎。

元嘉草草,封狼居胥,赢得仓皇北顾。四十三年,望中犹记,烽火扬州路。可堪回首,佛狸祠下,一片神鸦社鼓。凭谁问:廉颇老矣,尚能饭否?

青玉案·元夕

东风夜放花千树。更吹落、星如雨。宝马雕车香满路。凤箫声动,玉壶光转,一夜鱼龙舞。

蛾儿雪柳黄金缕。笑语盈盈暗香去。众里寻他千百度。蓦然回首,那人却在,灯火阑珊处。

清平乐·村居

茅檐低小，溪上青青草。醉里吴音相媚好，白发谁家翁媪？

大儿锄豆溪东，中儿正织鸡笼。最喜小儿亡赖，溪头卧剥莲蓬。

西江月·夜行黄沙道中

明月别枝惊鹊，清风半夜鸣蝉。稻花香里说丰年，听取蛙声一片。

七八个星天外，两三点雨山前。旧时茅店社林边，路转溪桥忽见。

辛弃疾通过对自然景观的描绘、对人物情感的表达、对社会现实的反思，表达了自己的快意与柔情，展现出对国家兴亡的感慨、对宁静美好生活的向往。他的词作是中国文学史上不可或缺的一部分，值得后人品鉴、学习。

詹天佑矢志修路

詹天佑，1861年生，祖籍徽州婺源（今江西省上饶市婺源县），生于广东省广州府南海县（现广东省广州市荔湾区）。12岁远赴美国留学，1878年考入耶鲁大学土木工程系，主修铁路工程。他是中国近代铁路工程专家，被誉为中国首位铁路总工程师。其负责修建了我国的京张铁路等工程，有"中国铁路之父""中国近代工程之父"之称。

1905—1909年主持修建中国自主设计并建造的第一条铁路——京张铁路；创设"竖井开凿法"和"人"字形线路，这在当时震惊中外；在筹划修建沪嘉、洛潼、津芦、锦州、萍醴、新易、潮汕、粤汉等铁路中，成绩斐然。著有《铁路名词表》《京张铁路工程纪略》等。

1888年，詹天佑由老同学邝孙谋推荐到中国铁路公司任工程师。詹天佑亲临工地，与工人同甘共苦，津沽铁路工程用了八十多天的时间就竣工通车了。唐胥铁路在开滦

爱我中国
LOVE MY CHINA

矢志修路

煤矿唐山矿1至3号井东面，一条铁路从一个上百年的涵洞里穿越而出，从唐山市区主干道新华道下穿过，全长十二公里。这就是中国第一条国际标准轨距铁路，它最初是从唐山矿修到丰南胥各庄，仍是京山铁路的一个重要组成部分。

1891年初，在洋务运动的晚风中，清廷重臣李鸿章受命在山海关设立了"北洋官铁路局"，他的得力助手周兰亭、李树棠总揽筑路事务，全力以赴修建关东铁路（古冶—山海关—中后所—奉天等）。虽然朝野中的洋务派和顽固派对政府修建铁路一直争论不休，但李鸿章在1892年已经和开平矿务局的英国技师金达签下了协议，着手修建关东铁路第一段由古冶到山海关的线路。其实，早在1881年，中国第一条自建铁路——唐胥铁路就已运营，虽然马拉蒸汽机车一度成为闹剧，但那时中国的铁路业已经蹒跚起步了。令人意想不到的是，当这条铁路延伸到滦河岸边时，奔腾咆哮的滦河水使修路的步伐戛然而止。面对宽阔的河面，踌躇满志的金达邀请世界一流的英国铁路专家喀克斯，

他信心十足地指挥着施工架桥。可是滦河下游河宽水急，河床泥沙很深，地质结构复杂，桥墩屡建屡塌，众人一筹莫展。高傲的英国专家在架桥环节屡次受挫之后，最终将这块烫手的山芋抛给了德、日专家，但还是以失败告终。

工期将至，金达想起了詹天佑。詹天佑详尽分析了各国修建失败原因，又对滦河底的地质土壤进行了周密的测量研究之后，决定改变桩址，采用中国传统的方法，让中国的潜水员潜入河底，配以机器操作，胜利完成了打桩任务，滦河大桥成功建成。从1876年吴淞铁路修筑到1911年清朝统治被推翻，中国铁路共修筑桥梁6000余座，其中滦河桥是采用先进的气压沉箱建筑基础的第一桥。

京张铁路为詹天佑主持修建并负责的中国第一条铁路，它连接北京丰台区，经八达岭、居庸关、沙城、宣化等地至河北张家口，全长约200公里，1905年9月开工修建，于1909年建成，时间不满四年。是中国首条不使用外国资金及人员，由中国人自行设计、投入营运的铁路。现称为京包铁路，以前的京张段为北京至包头铁路线的首段。

矢志修路
SHI ZHI XIU LU

【延伸阅读】中国高铁

　　中国高铁是中国的一张亮丽名片。中国高铁飞速发展，中国铁路实现从跟踪跟跑到并跑领跑的历史性转变中。自2008年开通第一条高速铁路以来，中国高铁已经发展成为世界上规模最大、速度最快、技术最先进、服务最优质的高速铁路网络，它展示了中国的科技实力和创新能力，推动了中国的社会经济发展和人民生活改善。

　　中国高铁以其庞大的规模和迅猛的速度领先于世界。截至2023年底，我国高铁总里程达到4.5万公里，比绕地球一圈还多。

爱我中国
LOVE MY CHINA

　　按照有关部门规定，旅客坐高铁可使用中华人民共和国居民身份证、港澳居民来往内地通行证、台湾居民来往大陆通行证、护照这四种有效证件在网上进行购票。

　　2017年9月起，复兴号中国标准动车组CR400型列车在京沪高铁上线运营，它以时速350公里，打造了世界高铁运营速度的新标杆。CR450动车组，更将填补时速400公里高铁技术标准体系空白，开启时速400公里的新时代。

　　截止到目前，中国高铁运行平稳性世界第一，稳到能立住硬币。

　　哈大高铁沿线冬夏气温最大温差近70℃，沿线最低温-40℃。截至2022年12月1日，哈大高铁开通运营10年来，全线共降雪588场，平均雪深67毫米，累计开行动

车组列车 73.9 万列，安全运送旅客 6.7 亿人次，运营里程 67117 万公里，有效带动了东北地区经济社会发展。

中国给沙特建的"哈拉曼高铁"是世界首条沙漠高铁，每公里造价 7 亿人民币。高铁沿线气候高温干旱，地表多为移动或半移动的沙丘，给施工建设造成很大的困难。经

过 10 年艰苦建设，2018 年 9 月 14 日，最高时速为 360 公里的双线电气化高铁建成，将麦加和麦地那两城之间的通行时间由原来的 4 小时缩短到 2 小时，极大地缓解了当地的交通压力。

2023 年 12 月，广州白云站竣工，总占地面积达到 263 万平方米，总体枢纽面积是 129 万平方米，站房面积为 45.3 万平方米，其中客运部分为面积 14.5 万平方米，取代南京南站成为亚洲第一大火车站。

2021 年 7 月 20 日，由中国中车承担研制、具有完全自主知识产权的我国时速 600 公里高速磁浮交通系统在青岛成功下线，这是世界首套设计时速达 600 公里的高速磁

浮交通系统，标志我国掌握了高速磁浮成套技术和工程化能力。

截至目前，世界最长的桥是京沪高速铁路丹阳至昆山段特大铁路桥，全长为164.851公里，是世界第一长桥、第一高铁长桥。

高铁的快速发展，不仅改变了人们的出行方式，更促进了沿线地区的经济社会发展。高铁带来了人流、物流、信息流和资金流的快速流动，推动了沿线城市的产业升级和区域经济的协调发展。同时，高铁还促进了旅游业的繁荣，为沿线地区带来了可观的旅游收入。

从1978年到2023年，短短四十五年，中国高铁从无到有，从弱小到强大，实现了跨越式发展。

数据显示，截至2023年底，中国高速铁路运营里程已突破4万公里，占全球高铁总里程的三分之二以上，稳居世界第一。这一数字的背后，是中国高铁建设者们的辛勤付出和不懈奋斗。他们攻克了一个又一个技术难关，创造了一个又一个世界之最。如今，复兴号、和谐号等动车组列车在广袤的大地上飞驰，将城市与城市紧密连接在一起，让人们的出行更加便捷高效。

九

文天祥碧血丹心

　　文天祥，江南西路吉州庐陵县（今江西省吉安市青原区富田镇）人，南宋末年政治家、文学家、民族英雄。

　　宋理宗宝祐四年，二十一岁的文天祥中进士第一，成为状元。因直言斥责宦官董宋臣，讥讽权相贾似道而遭到贬斥，数度沉浮，在三十七岁时致仕。德祐元年（1275年），元军南下攻宋，文天祥散尽家财，招募士卒勤王，被任命为浙西、江东制置使兼知平江府。在援救常州时，因内部失和而退守余杭。随后升任右丞相兼枢密使，奉命与元军议和，因面斥元主帅伯颜被拘留，于押解北上途中逃归。不久后在福州参与拥立益王赵昰为帝，又自赴南剑州聚兵抗元。景炎二年（1277年）再攻江西，终因势孤力单败退广东。祥兴元年（1278年）卫王赵昺继位后，拜少保，封信国公。后在五坡岭被俘，押至元大都，被囚三年，屡遭威逼利诱，仍誓死不屈。至元十九年十二月（1283年1月），

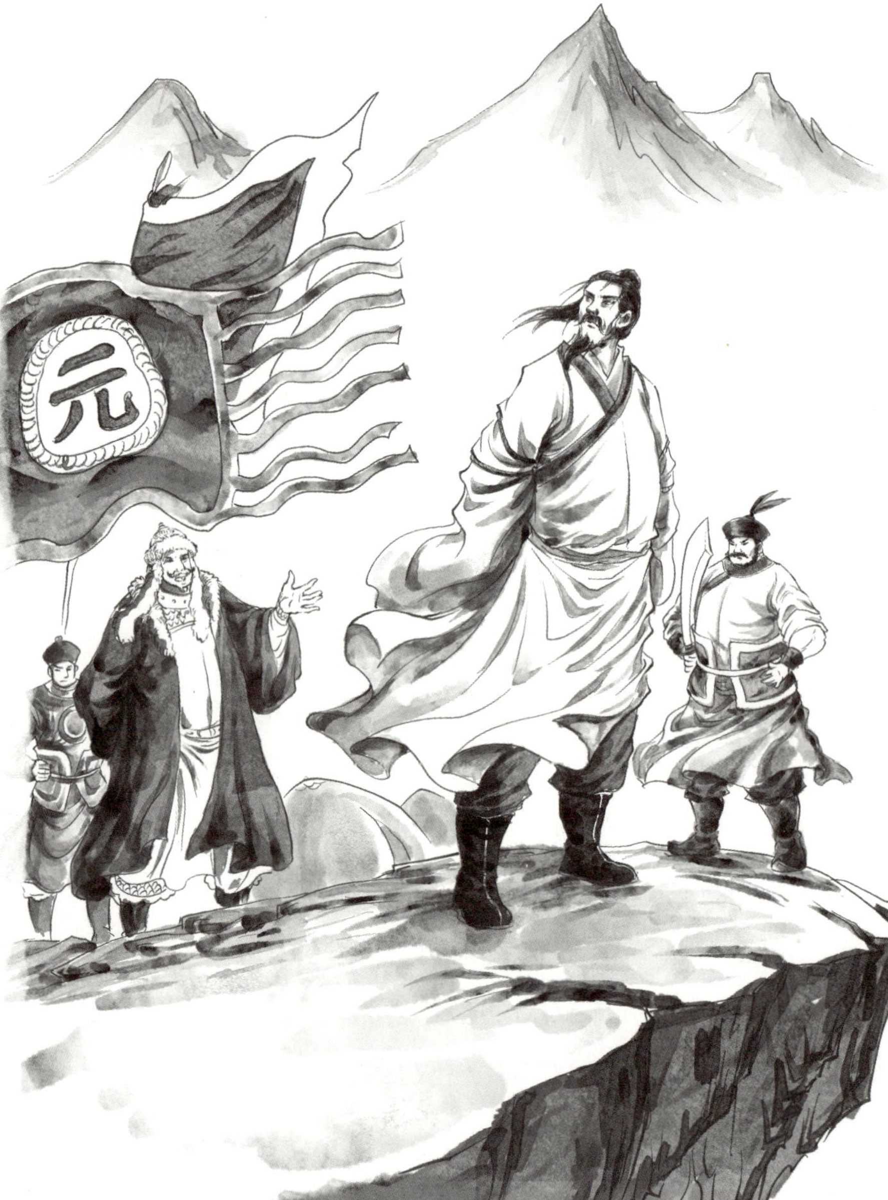
元

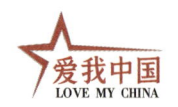

碧血丹心

文天祥从容就义,终年四十七岁。明代时追赐谥号"忠烈"。

据史料记载,文天祥相貌堂堂,身材魁伟,皮肤白皙如玉,眉清目秀,观物炯炯有神。在孩提时,看见学宫中所祭祀的乡贤欧阳修、杨邦乂、胡铨的画像,谥号都有"忠"字,便为此高兴,羡慕不已,说道:"如果不成为其中的一员,就不是真正的男子汉。"

咸淳九年(1273年),文天祥被起用为提点荆湖南路刑狱,因此见到了前宰相江万里。江万里平素就对文天祥的志向、气节感到惊奇,同他谈到国事,神色忧伤地说:"我老了,观察天时人事应当有变化,我看到的人很多,担任治理国家的责任,不就是在你吗?望你努力。"

德祐元年(1275年),长江上游战事告急,宋廷诏令天下兵马勤王。文天祥捧着诏书流涕哭泣,派陈继周率郡里的志士,同时联络溪峒蛮;派方兴召集吉州(今江西省吉安市)的士兵,各英雄豪杰群起响应,聚集兵众万人。宋廷得知此事,命文天祥以江南西路提刑安抚使的身份率军

入卫京师临安府。他的朋友制止他说:"现在元兵分三路南下进攻,攻破京畿,进迫内地,你以乌合之众万余人赴京入卫,这与驱赶群羊同猛虎相斗没有什么差别。"文天祥答道:"我也知道是这么回事。但国家养育臣民三百多年,一旦有危急,征集天下的兵丁,却没有一人一骑入卫,我为此深感遗憾。所以不自量力,而以身殉国,希望天下忠臣义士将会有听说此事后而奋起的。依靠仁义取胜就可以自立,依靠人多就可以促成事业成功,如果按此而行,那么国家就有保障了。"

文天祥性格豁达豪爽,平生衣食丰厚,把家里的资产全部作为军费。每当与宾客、僚属谈到国家时事,他就痛哭流涕,抚案说道:"以别人的快乐为快乐的人,也忧虑别人忧虑的事情,以别人的衣食为衣食来源的人,应为别人的事而至死不辞。"

至元十九年(1282年),文天祥英勇就义后,消息传到南方,他旧日在勤王军的部属和朋友非常悲痛,纷纷设酒祭奠,撰文赋诗,以表悼念之情。至元二十一年(1284年),文天祥归葬于故乡富田村东南二十里的鹜湖之原。

元至治三年(1323年),吉安郡学奉文天祥像于先贤堂,和欧阳修、杨邦乂、胡铨、周必大、杨万里并列。实现了文天祥少年时的志愿。明洪武九年(1376年),明廷在北平教忠坊建文丞相祠,岁时遣官致祭。后庐陵也建文丞相忠烈祠。终明一代,宣城、温州、汀州、潮阳、五坡岭、

崖山、大兴均兴建了文天祥的纪念祠堂。明代宗景泰七年（1456年），经巡抚江西的右佥都御史韩雍、华盖殿大学士陈循等奏请，按照《谥法》中"临患不忘国曰'忠'，秉德遵业曰'烈'"的含义，代宗赐文天祥谥号为"忠烈"。清道光年间，文天祥从祀于孔庙。

爱我中国
LOVE MY CHINA

碧血丹心
BI XUE DAN XIN

【延伸阅读】文天祥写的爱国诗句

文天祥是中国历史上伟大的民族英雄。他本来是个文官，可为了反对侵略，保卫国家，他勇敢地走上了战场。那时候，蒙元派出大军，要消灭南宋，文天祥听到消息，拿出自己的家产，招募起三万壮士，组建一支义军，抗元救国。

文天祥为南宋抗元名将，民族英雄，他和陆秀夫、张世杰并称为"宋末三杰"。文天祥也是一位诗人，写有不少爱国诗篇，下面一起欣赏文天祥的经典诗作。

过零丁洋

辛苦遭逢起一经，干戈寥落四周星。

山河破碎风飘絮，身世浮沉雨打萍。

惶恐滩头说惶恐，零丁洋里叹零丁。

人生自古谁无死？留取丹心照汗青。

这首诗是爱国诗人文天祥的代表作，也是他的自明心志之作。

祥兴元年（1278年），文天祥在广东海丰北五坡岭兵败被元军俘虏，押到船上，经过零丁洋时有感而写此诗。文天祥后来被押至崖山，张弘范逼迫他写信招降固守崖山的张世杰、陆秀夫等人，遭到文天祥的严厉拒绝，并以此诗明志。

全诗慷慨激昂，壮怀激烈，感天动地，尤其"人生自古谁无死？留取丹心照汗青。"更是流传千古的名句，满是浩然正气和民族气节，是民族英雄文天祥铮铮铁骨的证明。

正气歌

（节选）

天地有正气，杂然赋流形。下则为河岳，上则为日星。

于人曰浩然，沛乎塞苍冥。皇路当清夷，含和吐明庭。

时穷节乃见，一一垂丹青。在齐太史简，在晋董狐笔。

在秦张良椎，在汉苏武节。为严将军头，为嵇侍中血。

为张睢阳齿，为颜常山舌。或为辽东帽，清操厉冰雪。

或为出师表，鬼神泣壮烈。或为渡江楫，慷慨吞胡羯。
或为击贼笏，逆竖头破裂。是气所磅礴，凛烈万古存。
当其贯日月，生死安足论。地维赖以立，天柱赖以尊。

这首诗写于狱中，文天祥连用十二个历史知名人物的典故，表明自己虽然兵败被俘，但和他们一样具有浩然正气，邪气和疾病都不能侵犯自己，自己能够坦然面命运。

全诗节奏整齐明快，感情深沉，直抒胸臆，充分体现出作者崇高的民族气节和强烈的爱国主义精神。

扬子江

几日随风北海游，

回从扬子大江头。

臣心一片磁针石，

不指南方不肯休。

元至元十三年（1276年）正月，文天祥被任命为右丞相，代表南宋入元营谈判，结果被扣留。临安沦陷，文天祥被押送北上，于镇江乘隙逃脱，这首诗前两句就是叙述他自镇江逃脱，回到长江口的艰险经历。

末两句作者言明心志，表示自己忠于南宋朝廷，至死不渝。全诗语言浅近，利用比兴手法，表现出坚定不移的爱国主义精神。

夏明翰追求真理

"砍头不要紧，只要主义真。杀了夏明翰，自有后来人。"

这是著名的共产党人夏明翰在临刑前，写下的气壮山河的《就义诗》。正如夏明翰的诗中所说"杀了夏明翰，自有后来人"，无数的共产党人不怕牺牲，前赴后继，为革命献出了宝贵的生命。

1928年，在国民党反动派汉口监狱里，审讯人员凶狠地问道："你姓什么？"坐在对面的年轻人神情自若，仰首挺胸地回答："我姓冬。""你明明姓夏，怎么说姓冬！一派胡言！"审讯人员诧异地反驳道。年轻人冷笑道："我是按照你们的逻辑讲话的。你们的逻辑就是颠倒黑白，混淆是非。你们把杀人说作是慈悲，把卖国说成是爱国。我也是用你们的逻辑，把姓夏说成姓冬，这叫以毒攻毒。"审讯人又气急败坏地问道："你多大岁数了？"年轻人大声回答："我是共产党，共产党万万岁！"

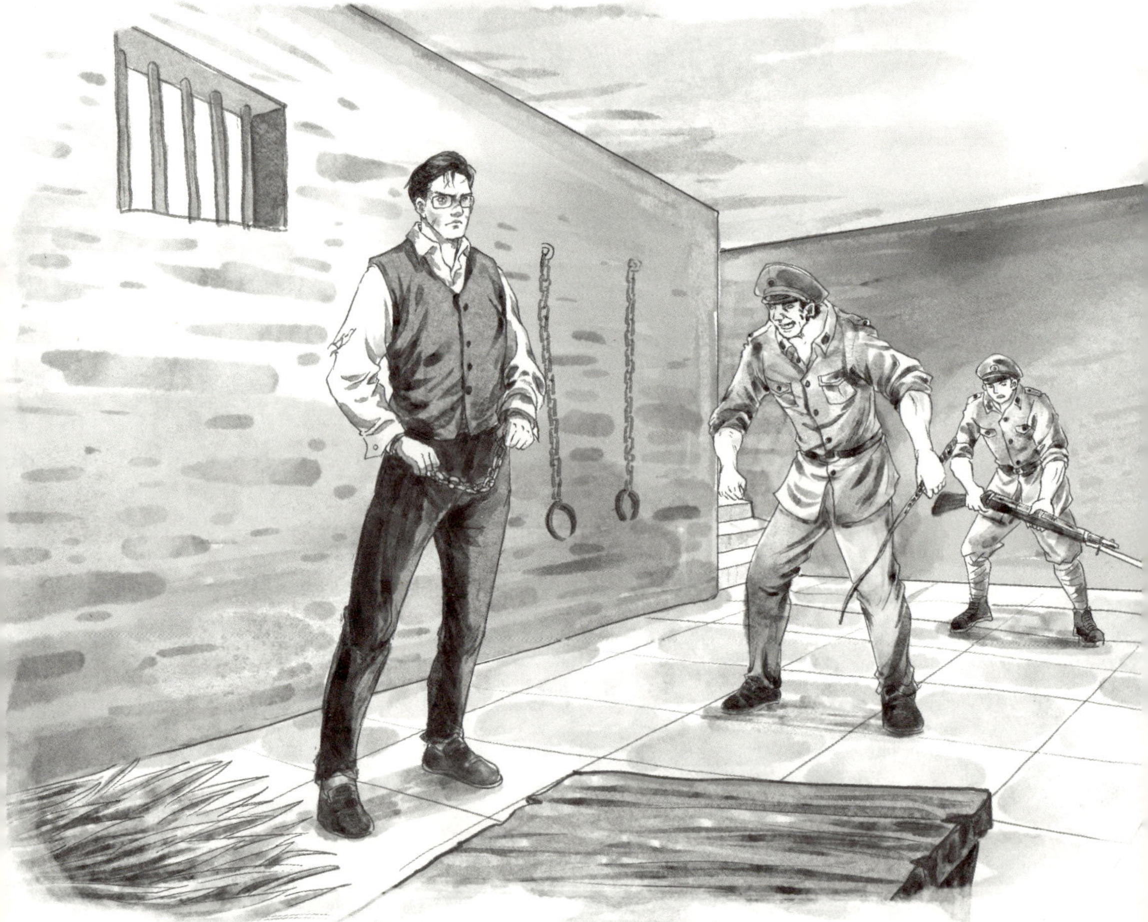

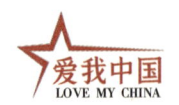

追求真理

这名年轻人正是夏明翰,与大多数革命者家境贫寒、农民子弟出身不同。夏明翰家境殷实,祖父夏时济是清朝进士、户部主事。父亲担任过湖北秭归的知县,1901年,又加封三品衔,戴花翎,进封资政大夫,继而被派往日本考察政务。

夏明翰的父母都是开明人士,少年时代的夏明翰受到了父母追求科学民主和维新变法思想的熏陶,养成了爱读书、善思考的习惯。1914年,夏明翰的父亲英年早逝,他便由祖父抚养。

1917年春,夏明翰进入湖南省立第三甲种工业学校机械科读书。夏明翰受到五四运动的影响,开始阅读进步书籍,并参加游行和反对军阀的活动,开展反对北洋军阀的斗争。湘南学生联合会成立后,夏明翰当选为第三届总干事,带领调查组和学生义勇军到仓库、商店清查日货,并举行"焚烧日货大会"。

1920年秋,夏明翰在何叔衡等人的帮助下来到长沙,并认识了毛泽东。不久,在毛泽东、何叔衡的介绍下,加入了中国共产党,成为湖南最早的一批中共党员。

在他的影响下，弟弟和妹妹先后参加革命。夏明翰为了推动农民运动的开展，把刚从广州农民讲习所和长沙政治讲习所毕业的弟弟夏明震、夏明弼和妹妹夏明衡派去家乡开展农民运动。

1926年下半年，经毛泽东做媒，夏明翰和郑家钧在长沙清水塘一间简陋的民房里举行了婚礼。婚后，两人搬到长沙望麓园1号，与毛泽东、杨开慧同住一个院子。1927年2月，毛泽东在武汉开办中央农民运动讲习所，夏明翰到武汉任全国农协秘书长兼农讲所秘书。

1927年4月12日，蒋介石在上海发动反革命政变，屠杀共产党人和革命群众。夏明翰怒火万丈，悲痛不已，他写道："越杀胆越大，杀绝也不怕。不斩蒋贼头，何以谢天下！"国民党反动派四处张贴布告，通缉夏明翰。他却毫无惧色，照常化装，来往于长沙平江一带，为即将发动的湘赣边界秋收起义充当联络员。

1928年初，党组织派夏明翰到湖北担任省委委员，他肩上的担子更重了。他扮成小商人，从长沙动身，经岳阳，到达汉口。后来，因叛徒告密，夏明翰被捕。

1928年3月20日清晨，"哗啦"一声，关着夏明翰的铁门开了。夏明翰被押赴汉口余记里刑场，敌人要他下跪，他连腰也不弯一弯，像南岳衡山一样巍然屹立着。

行刑官跑过去问他："还有什么话要讲？"夏明翰大声说："有，给我纸和笔。"随后，抬头仰望长空，似乎在仰望着共产主义胜利的光明前途。用戴着铁铐的手，抓住毛笔，飞快写下了正气凛然的就义诗："砍头不要紧，只要主义真。杀了夏明翰，自有后来人。"然后，将毛笔往地上一丢，厉声喝道："开枪吧！"刽子手面对夏明翰的高大英姿，两手颤抖，很久扳不动枪机，行刑官不得不换人执行。

夏明翰的这首就义诗，在当时激励着无数英雄儿女，至今仍然具有深刻的意义。

追求真理
ZHUI QIU ZHEN LI

【延伸阅读】满门忠烈爱国情

  1928年3月21日，就在夏明翰牺牲的第二天，五弟夏明震在湖南郴州壮烈牺牲。夏明震是夏明翰的同父异母兄弟，早在五四运动时，年仅12岁的夏明震就跟着学生队伍上街游行，反抗帝国主义。他是湖南革命蓬勃发展功不可没的重要人物，曾是中国工农革命军第七师党代表、第十师党代表。

  1928年1月，由朱德、陈毅、夏明震组织的"湘南暴动"取得胜利，这让蒋介石惶惶不安，为了打通湘粤大道，镇压革命斗争，蒋介石出动7个师，准备对湘南暴动革命军和红色政权进行"会剿"。

夏明震作为郴县县委书记，于3月21日上午在郴城城隍庙召开群众大会，动员群众积极转移，宣传党的政策，部署反"会剿"行动。大会正在进行的时候，事先早有预谋的一小撮反革命分子冲上主席台，手持凶器，朝干部猛砍乱剁，当场杀害了夏明震等9名党政军领导干部。在湖南郴县事变中，共有300多名干部牺牲，1000多名无辜百姓死伤。夏明震牺牲后，接任他担任郴县县委书记的就是陈毅。

三个月之后，夏明翰的胞妹夏明衡也在湖南英勇就义，夏明衡只比夏明翰小两岁。五四运动期间，在夏明翰的影响带领下，她也走上了革命道路。1927年，大革命失败后，在哥哥夏明翰的鼓励和支持下，夏明衡被中共湘南特委派到衡阳组织年关暴动。由于起义失败，第二年春天，她被敌人追捕到长沙东乡打卦岭。在这里，她化名隐居，在一所小学里教书。同年6月，省清乡委员会发现她的行踪，派了一个加强排的特务前去追捕。夏明衡在后有追兵，前有水塘的情况下，自知无路可走，但她宁死也不愿让敌人活捉，便纵身跳下水塘，光荣牺牲。

夏明翰的七弟夏明霹出生于1908年，在湖南省立第三师范读书时，受哥哥姐姐的影响，很快成为湘南学联的骨干成员。1927年，毛泽东在武昌开办农民讲习所时，夏明霹去到了讲习所学习。毕业后，在衡阳农民运动讲习所担

任教员。1928年春，夏明霹为了即将发动的衡阳年关暴动，带领学员秘密制造武器，不幸被敌人逮捕。当时，敌人对夏明霹进行了严刑拷打，引诱逼供让他说出党的有关情况。但夏明霹异常坚定，毫不动摇。凶残的敌人对他施以酷刑，但他视死如归，一点儿也不屈服，并高呼"共产党万岁"，英勇就义，时年20岁。

"夏府"的故事远没有就此结束，"夏府"的斗志也没有因为英雄的牺牲而消亡。夏明翰在给大姐夏明玮的信中说到"外甥为我受株连"，而这个外甥也追随舅舅和姨母们的步伐，踏上了革命道路。1930年，红军攻打长沙时，在母亲的鼓励支持下，长子邬依庄毅然决定参加红军，后来，在红军中担任连队指导员。有一天，他带人活捉了伪湖南省反省院院长袁筑东，在押回红军总部的途中与国民党军队遭遇，在激战中不幸中弹牺牲，年仅19岁。

十一 刘胡兰宁死不屈

1932年10月8日，刘胡兰出生在山西省吕梁市文水县云周西村一个贫苦农民家庭，奶奶给她起名"富兰子"，希望她能给贫苦的家庭带来富裕。然而，在苛捐杂税与劳役的压榨下，刘胡兰的父亲刘景谦使出了全身的力气也难以支撑日渐贫困的家。由于长期的清贫与劳累，刘胡兰的母亲在她4岁的时候生病去世了。

1937年后，八路军经常驻扎在云周西村，进行学习、训练，做群众工作。共产党的新政策实施后，农民们的负担减轻了，生活状况有了明显改善。因此，共产党和抗日政府在云周西村的威望极高。刘胡兰虽然年纪很小，但是"共产党好"的信念已经在她心里扎下了根。

1939年7月，云周西村建立了党小组。从此，云周西村的党员和积极分子，踊跃地投身到了抗日洪流之中，给八路军送军粮、藏干部、送情报。也正因如此，云周西村

爱我中国 LOVE MY CHINA

宁死不屈

被敌人称为"小延安"。在这样的环境中,刘胡兰慢慢地长大了。

1940年,继母胡文秀来到了刘家。勤劳善良的胡文秀给她改名、教她识字,刘胡兰重新感受到了母爱。

1941年,9岁的刘胡兰上了抗日政府办的冬学。开学那天,胡文秀在用废纸订成的小本子上端端正正地写下了"刘胡兰"3个字,将"富"字有意改成自己的姓氏"胡"字,浸透着母女间的深情厚谊。

由于抗日战争进入最艰苦阶段,环境日益恶化,冬学开办不久就停办了。胡文秀便利用在家纺线的机会,用家里盖面缸的石盖片做石板,用石灰块在上面手把手地教刘胡兰认字、写字。她最先教刘胡兰认识的就是"毛主席""共产党""八路军""打日本"。

1942年,刘胡兰加入了儿童团,并当上了团长。她经常和小伙伴们站岗、放哨,掩护抗日干部;还随武工队员到敌人据点散传单、贴标语、侦察敌情。小小年纪的她,为抗日做了许多力所能及的工作。残酷的战争环境,塑造了刘胡兰胆大、机

警的个性，磨炼了她勇敢、坚强、不屈不挠的意志。她像一棵幼松般迎着抗日的烽火茁壮成长起来。

1945年10月，13岁的刘胡兰参加了中共文水县委举办的妇女干部训练班，被选为小组长。在这里，她认识了更多的字，懂得了更多的革命道理。回村后，她担任起村妇女救国会秘书，积极组织妇女上冬学，宣传革命道理，带领妇女纺线织布、做军鞋、看护伤员、学习军事技术、参战支前。

在对敌斗争的实践中，刘胡兰始终坚信只有共产党才能帮助贫苦人民翻身得解放。她热爱共产党，积极要求加入中国共产党。终于，在1946年6月，在鲜红的党旗下，她实现了自己的愿望，成为一名中国共产党候补党员。这一年，刘胡兰14岁。

入党后，她就在云周西村领导当地的土改运动。1946年秋天，国民党阎锡山军队扫荡平川。为了保存革命力量，减少不必要的牺牲，中共文水县委根据上级指示，决定留少数干部组织武工队，坚持敌后斗争，其余大批干部转移上山，刘胡兰也接到了上山的通知。

可是，刘胡兰说："我人熟、地熟，还是让我留下来坚持斗争吧！"从此，刘胡兰经常冒着生命危险把标语、传单、文件秘密送到附近村里的党组织，还配合武工队秘密处死当时为敌人派粮、派款、递送情报的云周西村村长石佩怀。

石佩怀被镇压后，阎军突袭了云周西村。在严刑拷打下，村农会秘书石五则叛变，供出了云周西村的革命干部和党组织。1947年1月12日拂晓，刘胡兰还没来得及动身转移，就被敌人抓捕。

在山西省档案馆里保存着1951年文水县人民法院的一份档案——《残害刘胡兰的凶手张金宝供词》，里面对刘胡兰牺牲的经过有详细的供述：

敌军连长许得胜问："你们村里还有谁是共产党员？"

刘胡兰说："再没有，就我一个。"

随后，敌军当着她的面，用铡刀铡死了6个村干部，铡死一个就问她一句："你说出共产党员来，就不杀你了！"

刘胡兰说："我死也没说的。"

敌军又说："你自白了，给你家里一份地。"

刘胡兰说："你给我抬一个金人来，我也不自白！"说完就自己躺在铡刀下。

目睹刘胡兰英勇就义的村民曾回忆，刑场上，有两个敌军想把刘胡兰拉到铡刀前，刘胡兰一甩胳膊，大步走到铡刀前，看了看刑场外的乡亲们，非常镇定地躺下去，把自己的头伸到了铡刀下。"从她的脸上，我们看不出她有一点害怕。"

刘胡兰牺牲时，年仅15岁，是已知的中国共产党女烈士中年龄最小的一个。

刘胡兰牺牲的那个冬天特别冷，不久后的春节，云周西村家家户户都没有贴春联，也没有放鞭炮，乡亲们用无声的悲愤来祭奠牺牲的英雄。

刘胡兰的英雄事迹广为流传。1947年2月6日，《晋绥日报》刊登了刘胡兰英勇就义的详细报道，并发表评论，号召全体共产党员和解放区军民向刘胡兰学习。同日，延安《解放日报》也发表题为《只要有一口气活着，就要为人民干到底——女共产党员刘胡兰慷慨就义》的文章。1947年8月1日，中共晋绥分局追认刘胡兰为中国共产党正式党员。同年3月下旬，毛泽东带领中共中央机关正在转战陕北途中，中共中央书记处书记任弼时向他汇报了刘胡兰英勇就义的事迹。毛泽东深受感动，挥笔写下了"生的伟大，死的光荣"，但因战争原因，此稿送达文水县后不慎遗失。

1956年12月，共青团山西省委作出纪念刘胡兰就义10周年的决定，同时恳请毛主席为刘胡兰烈士重新题词。1957年1月9日，毛泽东为刘胡兰重新题写了"生的伟大，死的光荣"，手稿于1月11日送达刘胡兰烈士的故乡——文水县云周西村。

新中国成立后，人民政府将其所在乡更名为胡兰乡，1957年1月建立了刘胡兰纪念馆。纪念馆内，一张张宝贵的历史照片、一本本真实的文献资料、一件件刘胡兰用过的物品，记录了刘胡兰短暂而光辉的一生。她甘于奉献、勇于牺牲的英雄事迹，感动了在场的每一个人。

2009年9月，刘胡兰入选"100位为新中国成立做出突出贡献的英雄模范人物"。

宁死不屈

NING SI BU QU

【延伸阅读】小英雄雨来

晋察冀边区的北部有一条还乡河，河里长着很多芦苇。河边有个小村庄。芦花开的时候，远远望去，黄绿的芦苇上好像盖了一层厚厚的白雪。风一吹，鹅毛般的苇絮就飘飘悠悠地飞起来，把这几十家小房屋都罩在柔软的芦花里。因此，这村就叫芦花村。12岁的雨来就是这村的。

雨来最喜欢这条紧靠着村边的还乡河。每到夏天，雨来和铁头、三钻儿，还有许多小朋友，好像一群鱼，在河里钻上钻下，藏猫猫，狗刨，立浮，仰浮。雨来仰浮的本领最高，能够脸朝天在水里躺着，不但不沉底，还要把小肚皮露在水面上。

妈妈不让雨来耍水，怕出危险。有一天，妈妈见雨来从外面进来，光着身子浑身被太阳晒得黝黑发亮。妈妈知道他又去耍水了，把脸一沉，叫他过来，扭身就到炕上抓笤帚。雨来一看要挨打了，撒腿就往外跑。

妈妈紧跟着追出来。雨来一边跑一边回头看。糟了！眼看要追上了。往哪儿跑呢？铁头正赶着牛从河沿回来，远远地向雨来喊："往河沿跑！往河沿跑！"雨来听出了话里的意思，转身就朝河沿跑。妈妈还是死命追着不放，到底追上了，可是雨来浑身光溜溜的像条小泥鳅，怎么也抓不住。只听见扑通一声，雨来扎进河里不见了。妈妈立在河沿上，望着渐渐扩大的水圈直发愣。

忽然，远远的水面上露出个小脑袋来。雨来像小鸭子一样抖着头上的水，用手抹一下眼睛和鼻子，嘴里吹着气，望着妈妈笑。

秋天，爸爸从集上卖苇席回来，同妈妈商量："看见了区上的工作同志，说是孩子们不上学念书不行，起码要上夜校。叫雨来上夜校吧。要不，将来闹个睁眼瞎。"

夜校就在三钻儿家的豆腐房里。房子很破。教夜课的是东庄学堂里的女老师，穿着青布裤褂，胖胖的，剪着短发。女老师走到黑板前面，屋里嗡嗡嗡嗡说话的声音立刻停止了，只听见哗啦哗啦翻课本的声音。雨来从口袋里掏出课本，这是用土纸油印的，软鼓囊囊的。雨来怕揉坏了，向妈妈要了一块红布，包了个书皮，上面用铅笔歪歪斜斜地写了"雨来"两个字。雨来把书放在腿上，翻开书。

女老师斜着身子，用手指点着黑板上的字，念着：

"我们是中国人。

我们爱自己的祖国。"

大家就随着女老师的手指，齐声轻轻地念起来：

"我们是中国人。

我们爱自己的祖国。"

有一天，雨来从夜校回到家，躺在炕上，背诵当天晚上学会的课文。可是背不到一半，他就睡着了。

不知什么时候，门响了一声。雨来睁开眼，看见闪进一个黑影。妈妈划了根火柴，点着灯，一看，原来是爸爸外出卖席子回来了。他肩上披着子弹袋，腰里插着手榴弹，背上还背着一根长长的步枪。爸爸怎么忽然这样打扮起来了呢？

爸爸对妈妈说："鬼子又'扫荡'了，民兵都到区上集合，要一两个月才能回来。"雨来问爸爸说："爸爸，远不远？"爸爸把手伸进被里，摸着雨来光溜溜的脊背，说："这哪儿有准呢？说远就远，说近就近。"爸爸又转过脸对妈妈说："明天你到东庄他姥姥家去一趟，告诉他舅舅，就说区上说的，叫他赶快把村里民兵带到区上去集合。"妈妈问："区上在哪儿？"爸爸装了一袋烟，吧嗒吧嗒抽着，说："叫他们在河北一带村里打听。"

雨来还想说什么，可是门哐啷响了一下，就听见爸爸

走出去的脚步声。不大一会儿，什么也听不见了，只从街上传来一两声狗叫。

第二天，吃过早饭，妈妈就到东庄去，临走说晚上才能回来。过了晌午，雨来吃了点剩饭，因为看家，不能到外面去，就趴在炕上念他那红布包着的识字课本。

忽然听见街上有人跑，把屋子震得好像要摇晃起来，窗户纸哗啦哗啦响。

雨来一骨碌下了炕，把书塞在怀里就往外跑，刚要迈门槛，进来一个人，雨来正撞在这个人的怀里。他抬头一看，是李大叔。李大叔是区上的交通员，常在雨来家落脚。

随后听见日本鬼子唔哩哇啦地叫。李大叔忙把墙角那盛着一半糠皮的缸搬开。雨来两眼楞住了，"咦！这是什么时候挖的洞呢？"李大叔跳进洞里，说："把缸搬回原地方。你就快到别的院里去，对谁也不许说。"

12岁的雨来使尽力气，才把缸挪回到原地。

雨来刚到堂屋，就看见十几把雪亮的刺刀从前门进来。他撒腿就往后院跑，背后喀啦一声枪栓响，有人大声叫道："站住！"雨来没理他，脚下像踩着风，一直朝后院跑去。只听见子弹向他头上嗖嗖地飞来。可是后院没有门，把雨来急出一身冷汗。靠墙有一棵桃树，雨来抱着就往上爬。鬼子已经追到树底下，伸手抓住雨来的脚，往下一拉，雨来就摔在地下。鬼子把他两只胳膊向背后一拧，捆绑起来，推推搡搡回到屋里。

鬼子把前后院都翻遍了。

屋子里也遭了劫难，连枕头都被刺刀挑破了。炕沿上坐着个鬼子军官，两眼红红的，用中国话问雨来，说："小孩，问你话，不许撒谎！"他突然望着雨来的胸脯，张着嘴，眼睛睁得圆圆的。

雨来低头一看，原来刚才一阵子挣扎，识字课本从怀里露出来了。鬼子一把抓在手里，翻着看了看，问他："谁给你的？"雨来说："捡来的！"

鬼子露出满口金牙，做了个鬼脸，温和地对雨来说："不要害怕！小孩，皇军是爱护的！"说着，就叫人给他松绑。

雨来把手放下来，觉得胳膊发麻发痛，扁鼻子军官用手摸着雨来的脑袋，说："这本书谁给你的，没有关系，我不问了。别的话要统统告诉我！刚才有个人跑进来，看见没有？"雨来用手背抹了一下鼻子，嘟嘟囔囔地说："我在屋里，什么也没看见。"

扁鼻子军官把书扔在地上，伸手往皮包里掏。雨来心里想："掏什么呢？找刀子？鬼子生了气要挖小孩眼睛的！"只见他掏出来的却是一把雪白的糖块。

扁鼻子军官把糖往雨来手里一塞，说："吃！你吃！你得说出来，他在什么地方？"他又伸出那个戴金戒指的手指，说："这个，金的，也给你！"

雨来没有接他的糖，也没有回答他。

旁边一个鬼子嗖地抽出刀来，瞪着眼睛要向雨来头上劈。扁鼻子军官摇摇头。两个人唧唧咕咕说了一阵。那鬼子向雨来横着脖子翻白眼，使劲把刀放回鞘里。

扁鼻子军官压住肚里的火气，用手轻轻地拍着雨来的肩膀，说："我最喜欢小孩。那个人，你看见没有？说呀！"

雨来摇摇头，说："我在屋里，什么也没看见。"

扁鼻子军官的眼光立刻变得凶恶可怕，他向前弓着身子，伸出两只大手。啊！那双手就像鹰的爪子，扭着雨来的两只耳朵，向两边拉。雨来疼得直咧嘴。鬼子又抽出一只手来，在雨来的脸上打了两巴掌，又把他脸上的肉揪起一块，咬着牙拧。雨来的脸立时变成白一块，青一块，紫一块。鬼子又向他胸脯上打了一拳。雨来打个趔趄，后退几步，后脑勺正碰在柜板上，但立刻又被抓过来，肚子撞在炕沿上。

雨来半天才喘过气来，脑袋里像有一窝蜂，嗡嗡地叫。他两眼直冒金花，鼻子流着血。一滴一滴的血滴下来，溅在课本那几行字上：

"我们是中国人。

我们爱自己的祖国。"

鬼子打得累了，雨来还是咬着牙，说："没看见！"

扁鼻子军官气得暴跳起来，嗷嗷地叫："枪毙，枪毙！拉出去，拉出去！"

太阳已经落下去。蓝蓝的天上飘着的浮云像一块块红绸子，映在还乡河上，像盛开的鸡冠花。苇塘的芦花被风吹起来，在上面悠悠地飞着。

芦花村里的人听到河沿上响了几枪。老人们含着泪，说：

"雨来是个好孩子！死得可惜！"

"有志不在年高。"

芦花村的孩子们，雨来的好朋友铁头和三钻儿几个人，听到枪声都呜呜地哭了。

交通员李大叔在地洞里等了好久，不见雨来来搬缸，就往另一个出口走。他试探着推开洞口的石板，扒开苇叶，院子里空空的，一个人影也没有，四处也不见动静。忽然听见街上有人吆喝："豆腐啦！卖豆腐啦！"这是芦花村的暗号，李大叔知道敌人已经走远了。

可是怎么还没见到雨来呢？他跑到街上，看见许多人往河沿跑，一打听，才知道雨来被鬼子打死在河里了。

李大叔脑袋轰的一声，眼泪就流下来了。他一股劲儿地跟着人们向河沿跑。

到了河沿，别说尸首，连一滴血也没看见。

大家呆呆地在河沿上立着。还乡河静静的，河水打着漩涡哗哗地向下流去。不知谁说："也许鬼子把雨来扔在河里，冲走了！"大家就顺着河岸向下找。突然铁头叫起来："啊！雨来！雨来！"

在芦苇丛里，水面上露出个小脑袋来。雨来还是像小鸭子一样抖着头上的水，用手抹一下眼睛和鼻子，扒着芦苇，向岸上的人问道："鬼子走了？"

"啊!"大家都高兴得叫起来,"雨来没有死!雨来没有死!"

原来枪响以前,雨来就趁鬼子不防备,一头扎到河里去。鬼子慌忙向水里打枪,可是我们的小英雄雨来已经从水底游到远处去了。

以上就是《小英雄雨来》的故事,早在50多年前就已被选入了全中国、小学语文教科书,感染和教育了不止一代人。提起《小英雄雨来》,作家管桦说,雨来的形象绝不是作家凭空想像的。雨来,是抗日战争年代里冀东少年儿童的一个缩影,这其中也包括管桦本人在内。小说中的芦花戏水,星夜攻读,智护交通员的情节,苇丛雏鸭、五谷飘香的田园风光景物,鲜活的方言土语,无一不是50多年前那场波起云涌的民族解放战争中燕赵大地的真实写照。

十二

杨靖宇 东北抗联

杨靖宇，汉族，原名马尚德，中国共产党优秀党员、无产阶级革命家、军事家、著名抗日民族英雄，鄂豫皖苏区及其红军的创始人之一，东北抗日联军的主要创建者和领导人之一。1905年2月13日，他出生于确山县李湾村（今属河南省驻马店市驿城区）一个农民家庭。幼年丧父，家境贫寒，由母亲含辛茹苦照料长大。

1923年，18岁的他考入河南省立开封纺染工业学校。在校期间，他秘密参加革命活动。1925年，杨靖宇积极投入"五卅"反帝爱国运动。

1926年，杨靖宇加入中国共产主义青年团。此时，全国各地农民运动正在蓬勃发展，受中共组织派遣，杨靖宇从开封回确山开展农民运动。

1927年初，确山县农民协会会员发展到1万多人，杨靖宇被选为确山县农民协会委员长。当年4月，杨靖宇参

爱我中国 LOVE MY CHINA

东北抗联

与领导确山农民暴动，驱逐军阀武装，攻占确山县城。同年5月，杨靖宇加入中国共产党。中共中央"八七"会议后，杨靖宇参与发动刘店秋收起义，先后创建由共产党领导的中国最早的县级农工革命政权——确山县临时治安委员会和河南省第一个县级苏维埃政权——确山县革命委员会，并组建河南省第一支革命武装——确山县农民革命军（后编为豫南工农革命军）。从此，拉开了河南土地革命战争的序幕。他历任确山县农民革命军总指挥、确山县农民协会委员长和临时治安委员会代理主席、豫南特委委员兼信阳县委书记。

1928年后，杨靖宇在河南、东北等地从事秘密革命工作。他曾5次被捕入狱，屡受酷刑，坚贞不屈。

1931年，"九一八"事变后，党派他担任东北反日总会的领导工作，后又派他担任中共哈尔滨市委第一任书记、满洲省委委员，不久又兼满洲省委军委代理书记。

1932年11月，他以省委代表身份被派往南满，整顿各县党组织、抗日游击队

和义勇队，组建中国工农红军第三十二军南满游击队和第三十七军海龙游击队，任政治委员，创建了以磐石红石砬子为中心的游击根据地。

1933年秋，根据中共中央关于在东北建立党领导下的民族抗日统一战线的指示，以南满游击队和海龙游击队为基础，成立东北人民革命军第一军独立师，杨靖宇任师长兼政委。

1935年8月，中共满洲省委决定，以党领导的东北人民革命军、抗日联合军和游击队为基础，联合其他抗日武装成立东北抗日联军，杨靖宇任抗日联军第一军军长兼政委。1936年6月，抗日联军第一、二军合编为抗日联军第一路军，杨靖宇任总司令兼政委。

1936年，日寇调来日军奉天教导团，由关东军南满"讨伐"司令官三木少将指挥，汉奸"东边道剿匪司令"邵本良配合，妄图消灭我抗日联军。面对敌我力量悬殊，杨靖宇率领抗联部队采取巧妙迂回战术，避开敌人锋芒，诱敌深入，消耗敌军力量。部队在18天内行军千余里，在梨树子一带设下伏兵，敌人中计进入伏击圈。杨靖宇一声令下，打得敌人措手不及，经过4个多小时激战，一举歼灭敌军主力部队。

1937年，杨靖宇任东北抗日联军第一路军总指挥兼政委，基本队伍有六千余人，分布南满一带开展抗日斗争。"卢沟桥事变"爆发后，为配合全国抗战，杨靖宇一面以抗联第一路军总司令部的名义发出《为响应中日大战告发东北同胞书》和《东北抗日联军第一路军总司令部布告》，揭露日本帝国主义侵吞中国的野心，号召东北各族人民团结一致，驱除日寇。同时，组织部队在南满的广大地区积极开展抗日游击战，全力牵制日军兵力，配合关内抗战。

1938年11月5日，中国共产党扩大的六届六中全会发出给"东北抗日联军杨司令转东北抗日联军的长官们、士兵们、政治工作人员们"的致敬电，高度评价了活动在沦陷于敌手的东北地区的抗日联军，称其为"在冰天雪地与敌周旋7年多的不怕困苦艰难奋斗的模范"。

1940年2月23日，在吉林濛江三道崴子壮烈牺牲，时年35岁。为纪念他，1946年东北民主联军通化支队改名为杨靖宇支队，濛江县改名为靖宇县。

2014年9月1日，杨靖宇被列入中华人民共和国民政部公布的第一批300名著名抗日英烈和英雄群体名录。

杨靖宇将军的一生是革命的一生、战斗的一生、辉煌的一生。他率领东北抗日联军在林海雪原的艰苦环境中与日寇血战，为全民抗战建立了具有战略意义的功绩。他以草根棉絮充饥，战斗到最后一刻的气概，更在亿万人民心中树起不朽的丰碑。

东北抗联

DONG BEI
KANG LIAN

【延伸阅读】东北抗联

东北抗日联军，简称东北抗联，是中国东北人民抗日武装。其前身是1933年5月成立的东北人民革命军，1936年2月改称东北抗日联军，1945年抗日战争胜利后改称东北人民自卫军。

1931年"九一八"事变后，东北人民和东北军队部分爱国官兵纷纷组成义勇军、救国军、自卫军等抗日武装，统称抗日义勇军，约50余万人，在东北各地抵抗日军进攻。但在不到两年的时间内大部分伤亡散落。

从1932年初开始，中共满洲省委先后创建了巴彦、磐石、海龙等反日游击队。主要领导人有杨靖宇、赵尚志、李红光、童长荣、夏云杰、崔石泉等。同时，中共满洲省委还派周保中、李延禄等共产党员到抗日义勇军中进行改造工作，建成绥宁反日同盟军、抗日救国游击军。游击队不断壮大，游击活动遍及三十余县。

1933年5月，中共满洲省委决定以游击队为基础，组建东北人民革命军。从1933年下半年至1936年春，成立了东北人民革命军第一、第二、第三、第六、第八军和东北抗日同盟军第四军、东北反日联合军第五军。

1936年2月20日，中共东北党组织和人民革命军领导人发表了《抗日联军统一建制宣言》，决定将东北人民革命军等抗日武装统一改称为东北抗日联军。原人民革命军、抗日同盟军和反日联合军加上1936年5月之后编入抗联队伍的其他抗日武装，形成了东北抗日联军第一军至第十一军。

1939年秋冬，日伪军继续进行疯狂"讨伐"。由于斗争形势恶化，各军减员较多。1940年1月，中共吉东、北满省委决定将各军缩编为支队，继续在极端困难情况下进行游击战。

1940年秋冬，日军对抗联进行更残酷的"讨伐"，形势愈加严重。此时，第一、第二路军大部已转移至苏联境内，成立南、北野营进行整训，一部分在辽宁、吉林东部边境和完达山区坚持斗争。第三路军继续在黑嫩平原和大小兴

安岭地区开展游击活动。

1945年8月，抗联教导旅协同苏联红军向中国东北进军，参加对日作战。日本宣布无条件投降后，抗联部队利用与苏军配合作战的有利条件，迅速占领了战略要地。随后，回到东北和在东北坚持斗争的抗联部队与挺进东北的八路军、新四军合编为东北人民自卫军。

东北抗联在十分困难的情况下，独立奋战十四年，作战数万次，伤亡三万余人，共歼日伪军二十二万余人，其中日军十七万多人，牵制了数十万日军，不仅在战略上配合了全国抗战，也支援了全世界人民的反法西斯斗争。

后 记

为适应《中华人民共和国爱国主义教育法》颁布实施的新形势，满足社会各界特别是学校开展爱国主义教育的新需求，进一步帮助广大青少年夯实爱国、报国的思想根基，济南出版社特别组织出版骨干力量，在深入调研和充分论证的基础上，推出"爱我中国"系列丛书（全四册）。该套图书精选不同历史时期具有代表性的革命故事、英模事迹、建设成就，以"爱国故事＋延伸阅读＋绘图照片"的形式呈现，力求事理结合、文图兼备、通俗易懂，贴近青少年学习阅读习惯。书中那些改天换地的励志故事、扭转乾坤的铁血抗争、以身许国的赤子情怀、奋进图强的壮丽画卷，都在迸发着"爱我中国"的磅礴力量。

丛书的编撰工作得到国家机关和山东省、济南市宣传教育主管部门的有力指导，得到社会各界的热情支持，得到《雷锋》杂志社、山东省关心下一代工作委员会、山东省立德树人学会、山东孙子研究会等单位的重视帮助。陆继秋、张宁、宋贞贺、张修岩、李国良、秦冲参与研究策划与文稿整理，刘灿校、李国启、仇安、王建勇、张修蒙等参与书稿阅校。在此一并表示诚挚谢意！

编 者
2024 年 6 月

图书在版编目（CIP）数据

精忠报国 / 张振江编著. -- 济南：济南出版社，2024.8. -- （爱我中国）. -- ISBN 978-7-5488-6578-0

Ⅰ. D647-49

中国国家版本馆CIP数据核字第20241QU787号

爱我中国——精忠报国
AI WO ZHONGGUO——JINGZHONG BAOGUO

张振江　编著

出 版 人　谢金岭
图书策划　李　岩
责任编辑　姜　山　魏　蕾　张　珣
装帧设计　张　金

出版发行　济南出版社
地　　址　山东省济南市二环南路1号（250002）
总 编 室　0531-86131715
印　　刷　济南新先锋彩印有限公司
版　　次　2024年8月第1版
印　　次　2024年8月第1次印刷
开　　本　165mm×230mm　16开
印　　数　1-6000册
印　　张　7
字　　数　64千字
书　　号　ISBN 978-7-5488-6578-0
定　　价　32.00元

如有印装质量问题　请与出版社出版部联系调换
电话：0531-86131736

版权所有　盗版必究